Manfred Wöhlcke

Der Weihnachtsmann
Begegnungen der dritten Art

Mit Vignetten von Noël Bremer

Deutscher
Taschenbuch
Verlag

dtv

Von Manfred Wöhlcke
ist im Deutschen Taschenbuch Verlag erschienen:
Soziale Entropie. Die Zivilisation und der Weg allen Fleisches (4687)

Originalausgabe
Oktober 1996

Umschlaggestaltung: Dieter Brumshagen
Gesetzt aus der Weiss 11,3/12,64' (QuarkXPress 3.31 MAC)
Satz: Design-Typo-Print GmbH, Ismaning
Gedruckt auf säurefreiem, chlorfrei gebleichtem Papier
Druck und Bindung: C. H. Beck'sche Buchdruckerei, Nördlingen
Printed in Germany · ISBN 3-423-12326-5

Es gibt noch kein seriöses Buch über den Weihnachtsmann. Erstaunlich, denn er existiert und gehört zu jenen, die hier und auch international weithin bekannt sind. Man kann wohl ohne Übertreibung behaupten, daß er einen ähnlich hohen Bekanntheitsgrad besitzt wie Robinson Crusoe, der Teufel, Karl Marx, Elvis Presley oder Dracula. Gleichwohl sind nur wenige Menschen dem Weihnachtsmann persönlich begegnet, und die ihn trafen, haben dieses Erlebnis geheimgehalten oder allenfalls in privaten Aufzeichnungen niedergelegt, weil sie entweder selber an ihrem Verstande zweifelten oder fürchteten, andere würden dies tun. Um so glücklicher dürfen wir uns schätzen, daß Manfred Wöhlcke, Religionssoziologe und empirischer Sozialforscher, sich seit Jahren solide und wissenschaftlich exakt mit Zeugnissen über den Weihnachtsmann beschäftigt hat. Seine vorliegende Sammlung birgt einige aufregende Fundstücke. Aus der Ferne erreichen uns folgende Beschreibungen: »Ich hatte ihn irgendwie gern, den alten Esel. Ein Held war er freilich nicht. Er wußte, wenn es Zeit war abzuhauen« (Billy the Kid, Wilder Westen) und »Jede Woche kommt er mal rüber, um ein paar Dollars und einen kräftigen Schluck zu schnorren und so zu tun, als könnte er jederzeit eine große Nummer auf die Matratze bringen« (Charles Bukowski, L.A.).

Manfred Wöhlcke, geboren 1942, ist Soziologe und Lateinamerikanist. Er promovierte 1969 mit einer religionssoziologischen Studie; seine Habilitationsschrift von 1979 behandelt soziale Aspekte der nachholenden Industrialisierung. Veröffentlichungen u.a.: ›Ein dritter Weg für die Dritte Welt?‹ (1985), ›Der Fall Lateinamerika. Die Kosten des Fortschritts‹ (1989), ›Brasilien. Anatomie eines Riesen‹ (1991), ›Umweltflüchtlinge‹ (1992), ›Der ökologische Nord-Süd-Konflikt‹ (1993), ›Brasilien. Diagnose einer Krise‹ (1994), ›Soziale Entropie. Die Zivilisation und der Weg allen Fleisches‹ (1996).

Inhalt

Vorwort

Meines Wissens gibt es noch kein seriöses Buch über den Weihnachtsmann. Dies ist auf den ersten Blick erstaunlich, weil der Weihnachtsmann tatsächlich existiert und zu jenen wenigen Gestalten gehört, die nicht nur hierzulande, sondern auch international sehr bekannt sind. Man kann wohl ohne Übertreibung behaupten, daß er einen ähnlichen Bekanntheitsgrad hat wie Robinson Crusoe, der Teufel, Karl Marx, Elvis Presley oder Dracula. Gleichwohl sind nur wenige Menschen dem Weihnachtsmann persönlich begegnet, aber auch die meisten von jenen, die ein solches Erlebnis nicht hatten, erkennen seine Realität an, so wie man auch andere Realitäten akzeptiert, obwohl man sie nicht physisch gesehen hat, zum Beispiel Gott oder die Zeit.

Die meisten Menschen, die dem Weihnachtsmann persönlich begegnet sind, haben dieses Erlebnis geheimgehalten oder allenfalls in privaten Aufzeichnungen niedergelegt, weil sie entweder selber an ihrem Verstand gezweifelt haben oder fürchteten, andere würden dies tun.

Ich bin von meiner Ausbildung her Religionssoziologe und habe eine professionelle Ausbildung in der empirischen Sozialforschung. Auf dieser soliden wissenschaftlichen Basis beschäftige ich mich seit Jahren mit Zeugnissen bezüglich des Weihnachtsmanns.

Bemerkenswert erschien mir von Anfang an die Tatsache, daß der Weihnachtsmann – obwohl viele glaubwürdige Zeugnisse seine Existenz belegen – von der Gestalt des Heiligen Nikolaus und des wohltätigen Christkinds nicht klar abzugrenzen ist. Vom angelsächsischen Kulturkreis kennen wir darüber hinaus »Santa Claus«, dessen Name an den Heiligen Nikolaus erinnert, der aber nicht wie ein Bischof, sondern wie der Weihnachtsmann dargestellt wird und dessen geschlechtliche Zuordnung

(»Santa« – also weiblich -, im Gegensatz zu seiner männlichen Erscheinung) unklar ist; und vom Christkind wissen wir, daß dessen wichtigste Eigenschaft darin besteht, die Kinder an Weihnachten zu beschenken, während genau in dieser Funktion bekanntlich auch die vornehmste Eigenschaft des Weihnachtsmanns besteht.

Die nachfolgende Dokumentation kann die entsprechende Forschungslücke nicht schließen, aber sie bietet dafür doch einige Anregungen. Die moderne Weihnachtsmann-Forschung hat jedoch nicht nur mit dem Problem der definitorischen Trennschärfe zu tun, sondern auch mit der Tatsache, daß die entsprechenden Berichte einigermaßen widersprüchlich sind.

Es gibt Skeptiker, die aus dem letztgenannten Punkt folgern, daß die vorliegenden Belege nicht viel mehr als das Ergebnis psychopathologischer Zustände oder narzistischer Erregungen seien. Für viele Berichte trifft dies zweifellos zu. Bei anderen ist dies aufgrund der psychischen Konstitution der betreffenden Zeugen aber nicht anzunehmen. Es bedarf einer umsichtigen und quellenkritischen Expertise, um die glaubwürdigen Berichte aus der Vielzahl der vorliegenden Materialien herauszufiltern.

Meine Forschungen sind noch nicht abgeschlossen, aber sie verdichten sich zu zwei Thesen: Entweder ist der Weihnachtsmann vielgestaltig, was wir unter anderem auch vom Teufel kennen, oder die Zeugnisse sind nicht in allen Details zuverlässig. Es wäre allerdings kurzsichtig, ihre Glaubwürdigkeit deswegen grundsätzlich in Frage zu stellen. Wir kennen dieses Phänomen der »streuenden Wahrheit« nicht nur von polizeilichen Zeugenaussagen, sondern nicht zuletzt von den Evangelien, deren Widersprüche geradezu ein Argument dafür sind, daß sie nicht »getürkt« wurden.

Vielleicht ist es diesbezüglich hilfreich, eine andere Analogie zu bemühen: Vergegenwärtigen wir uns, wie ein Mensch von früher Jugend bis ins späte Alter die Liebe erlebt und empfindet, so sind es immer nur entsprechende Teilaspekte, die deswegen nicht »falsch« sein müssen. Allerdings zeigen sich in den nachfolgend wiedergegebenen Zitaten einige auffällige Widersprüche, die sich auch durch eine solche Analogie nicht decken lassen und weitere Forschungen nahelegen.

Ich habe für dieses Buch eine Reihe von Augenzeugenberichten und sonstigen (auch skeptischen und kritischen) Aussagen über den Weihnachtsmann zusammengestellt. Dabei habe ich mich auf seriöse Fundstellen konzentriert, das heißt auf Persönlichkeiten beschränkt, deren Reputation weitgehend unstrittig ist. Einige der nachstehend zitierten Texte sind relativ bekannt. Die betreffenden Autoren haben sie jedoch in der Regel verschlüsselt und anonymisiert, so daß die Aussagen über den Weihnachtsmann erst durch eine sorgfältige exegetische Interpretation herausgearbeitet werden konnten.

Ich möchte diese moderne Methode der Textanalyse an einem kleinen Beispiel erläutern. Jeder gebildete Bürger kennt den Ausruf von Friedrich Schiller: »Sei mir gegrüßt, mein Berg, mit dem rötlich strahlenden Gipfel!« Generationen von Germanisten haben diesen Satz wörtlich akzeptiert, obwohl er nur auf einen einzigen Berg zutrifft, nämlich auf den Monte Rosado in den chilenischen Anden, der erst im Jahre 1904 entdeckt wurde. Übrigens ist bereits die direkte Anrede eines Berges ungewöhnlich genug, auch und gerade für Friedrich Schiller. Der Satz ergibt nur einen Sinn, wenn man ihn als verschlüsselte Mitteilung versteht. Aber wie läßt er sich entschlüsseln? Ich vermutete, daß Friedrich Schiller einen Code benutzt hat, den er vielleicht auch bei anderer Gelegenheit verwendet hat. Nach langer Suche wurde ich schließlich fündig. Kurz vor seiner fluchtartigen Abreise aus Württemberg schrieb er einen Brief an seinen Freund und republikanischen Mitverschwörer Moritz Berg, Sohn des Amtmanns von Böblingen, Wilhelm Amadeus Berg. Dort heißt es: »Morgen in aller Frühe geht es nach Bickau. Von dort bringt mich Gockel nach Weimar«. Wir wissen heute, daß Schiller nach Zwickau fuhr; dort erwartete ihn Wolfgang Zockel, Herausgeber der ›Blätter des neuen Deutschland‹. Schillers Geheimcode war also ziemlich simpel: Statt »Zw« schrieb er »B«, und aus »Z« machte er »G«. Der obige Satz ergibt jetzt einen Sinn: »Sei mir gegrüßt, mein Zwerg, mit dem rötlich strahlenden Zipfel!« Offensichtlich war Schiller dem Weihnachtsmann begegnet. Auch aus anderen Quellen wissen wir, daß letzterer ziemlich klein ist. Wenn ich Schiller auf der Basis einer breiten Kontextanalyse seiner Werke richtig einschätze, meint er mit dem »rötlich strahlenden Zipfel« die Nase des Weihnachtsmanns. Wenn der betreffende Satz von Freud gestammt hätte, wäre die Interpretation eine andere gewesen. Ich habe für diese Erläuterung ein kleines Beispiel ausgewählt, das wenig kontrovers sein dürfte. In anderen Fällen war die Textrekonstruktion wesentlich schwieriger und unsicherer. Ich bin jedoch zuversichtlich, daß eine kritische Revision die meisten meiner exegetischen Deutungen bestätigen wird.

Besondere Schwierigkeiten ergaben sich bei jenen Zeugen und einzelnen Zeugnissen, die ich mit einem Sternchen (*) gekennzeichnet habe. Bei ihnen hatte ich bereits Probleme, die Handschrift zu entziffern. Größtenteils waren diese Manuskripte darüber hinaus fleckig, zerrissen oder halb verbrannt. Ich habe sie ausschließlich nach meiner Phantasie rekonstruiert, ähnlich wie zerstörte Statuen oder Bilder neu geschaffen werden, obwohl die Originale praktisch nicht mehr erkennbar sind.

Dabei geht es natürlich nicht um bloßes Raten, sondern um einen »educated guess«. Dennoch ist dieses Verfahren im methodischen Sinne nicht unproblematisch und kann nur nach der subjektiven Plausibilität des Ergebnisses bewertet werden. Ich bin nach der Devise verfahren: Lieber eine falsche These als gar keine. Ich hoffe, daß die künftige Weihnachtsmann-Forschung diese Transkriptionen einer eingehenden wissenschaftlichen Überprüfung unterziehen wird.

Aber selbst wenn nicht jeder Text für sich alleine überzeugend erscheint, so denke ich doch, daß die Summe aller Texte substantielle Aussagen über den Weihnachtsmann enthält und darüber hinaus anregt, sich mit diesem Thema eingehender zu beschäftigen.

Ich möchte in diesem Zusammenhang noch ein heikles Problem erwähnen, nämlich mögliche urheberrechtliche Ansprüche in bezug auf einzelne der von mir zusammengestellten Texte. Mehrere Fundstellen stammen aus bekannten Publikationen. Zwar habe ich sie nicht so zitiert, wie sie bislang bekannt waren, sondern sie bezüglich der verborgenen Botschaft in ihrem ursprünglich gemeinten Sinn wiederhergestellt. Dennoch unterliegen einige dieser bislang falsch wiedergegebenen Texte möglicherweise einem – *horribile dictu* – »Copyright«. Angesichts des umfangreichen Materials, das ich durchgearbeitet habe, konnte ich die möglichen urheberrechtlichen Probleme nicht in allen Fällen klären. Unter Berücksichtigung der besonderen Qualität dieser Publikation bitte ich die Inhaber solcher Ansprüche daher um eine wohlwollende Großzügigkeit.

Ich habe die vorliegenden Materialien noch nicht im Detail ausgewertet, so daß es mir verfrüht erscheint, sie wissenschaftlich zu kommentieren. Das Textmaterial ist aber für sich bereits so informativ, daß ich mich entschlossen habe, es vor der Fertigstellung einer kompletten Werkausgabe zu publizieren. Dabei darf ich davon ausgehen, daß jene Leser, die sich für dieses anspruchsvolle Buch entscheiden, über eine ausreichende Bildung verfügen, um die betreffenden Texte zumindest nach groben vorwissenschaftlichen Kategorien angemessen einzuordnen.

Ich hatte dieses Vorwort zunächst länger und »wissenschaftlicher« abgefaßt. Dem Lektorat erschien es zu sperrig. Den folgenden Passus durfte ich jedoch aus dem ersten Entwurf übernehmen: Die Ironie der modernen, »vernetzten Kommunikationsgesellschaft« besteht darin, daß die Technologie der Informationsübermittlung ständig verbessert wird, während der Gehalt der übermittelten Informationen in geradezu beängstigender Weise sinkt. Kulturelle Werte lassen sich nur noch im Stil von Fast-food, also als leicht zu schluckende, aber minderwertige Häppchen vermitteln. Das hier zubereitete Menü ist diesbezüglich ein Kompromiß: Es besteht zwar auch nur aus Fast-food, enthält aber immerhin noch einige Vitamine und Spurenelemente.

M.W.

Aesop

»Der Weihnachtsmann, der ein wahrhaftiger Barbar ist, packt die Geschenke ganz nach seiner Laune auf den Schlitten und weiß noch nicht, wem sie zuteil werden. Klugen Leuten ziemt es, zunächst das Ende eines Unternehmens ins Auge zu fassen und es erst dann ins Werk zu setzen.«

Alexander der Große

»Wenn ich nicht Alexander wäre, möchte ich wohl der Weihnachtsmann sein.«

Alkibiades

»Ich glaubte, er bemühe sich um meine jugendliche Schönheit, und ich meinte, das sei ein unverhoffter Gewinn und ein wunderbarer Glücksfall für mich; denn wenn ich dem Weihnachtsmann zu Willen wäre, könnte ich alles zu hören bekommen, was er wisse; ich bildete mir nämlich wunder was auf meine jungendliche Schönheit ein. Dies also überlegte ich, und da ich vordem niemals allein ohne einen Diener mit ihm zusammen gewesen war, schickte ich einmal den Diener fort und war mit ihm allein ... Ich glaubte, er werde nun sogleich so mit mir reden, wie ein Liebhaber mit dem Geliebten in der

Einsamkeit redet, und ich freute mich. Aber nichts dergleichen geschah; er unterhielt sich vielmehr mit mir, wie er es gewohnt war, und nachdem er den ganzen Tag mit mir zugebracht hatte, ging er weg.

Danach forderte ich ihn heraus, mit mir Gymnastik zu treiben, und zwar, um dabei etwas zu erreichen. Er nun trieb mit mir Gymnastik und rang oftmals mit mir, ohne daß jemand zugegen gewesen wäre. Doch was soll ich sagen: Es half mir nicht weiter. Da ich dabei auf keine Weise etwas ausrichtete, schien es mir, ich müsse diesem Manne stärker zusetzen und ich dürfte nicht nachlassen, nachdem ich einmal damit angefangen hätte; ich müsse nunmehr wissen, was an der Sache sei.

Ich forderte ihn also auf, mit mir zu speisen, und ich stellte ihm geradezu nach wie ein Liebhaber dem Geliebten. Aber nicht einmal darin willfahrte er mir sofort; nach einiger Zeit freilich konnte ich ihn dazu überreden. Als er das erstemal kam, wollte er nach der Mahlzeit weggehen. Ich schämte mich und ließ ihn gehen. Dann aber stellte ich ihm wiederum nach, und als wir gespeist hatten, unterhielt ich mich mit ihm unablässig bis tief in die Nacht hinein. Als er dann weggehen wollte, schützte ich vor, es sei spät, und ich nötigte ihn zu bleiben.

Er legte sich also zur Ruhe auf das Lager neben dem meinigen nieder, auf dem er auch gespeist hatte, und kein anderer schlief in dem Gemach als nur wir beide ... Nachdem nun, Ihr Männer, die Lampe erloschen war und die Sklaven draußen waren, schien es mir, ich brauchte mich ihm gegenüber nicht mehr zu zieren, sondern könne nun frei sagen, was ich dachte.

Ich stieß ihn an und sagte: ›Weihnachtsmann, schläfst du?‹ ›Nein‹, antwortete er. ›Weißt du, was ich im Sinn habe?‹ ›Was denn?‹, sagte er. Ich erwiderte: ›Du allein scheinst mir ein Liebhaber zu sein, der meiner würdig ist. Aber es sieht mir so aus, als zögerst du, um mich zu werben. Mit mir aber steht es so: Ich halte es für ganz unsinnig, dir nicht auch darin zu Willen zu sein ...; denn mir ist nichts wichtiger, als so gut wie möglich zu werden; dafür aber, glaube ich, gibt es keinen berufeneren Helfer als dich. Wenn ich also einem solchen Manne nicht zu Willen wäre, würde ich mich schämen ...‹

Als er mich gehört hatte, erwiderte er sehr ironisch und so recht nach seiner gewohnten Weise: ›Mein lieber Alkibiades, du scheinst mir wirklich nicht übel zu sein, wenn das wahr sein sollte, was du über mich sagst und über die Kraft in mir, durch die du besser werden könntest. Dann solltest du aber auch eine unermeßliche geistige Schönheit in mir sehen, die sich ganz und gar von deiner Wohlgestalt unterscheidet.‹«

Albrecht Altdorfer*

»In mir breitete sich eine große innere Leere aus. Er wollte weggehen. Für immer.«

»Vor der Stadt heulten die Wölfe. In den Gärten wuchs giftiges Kraut. Im Hafen lagen erfrorene Matrosen. Durch die Straßen streifte in zwölf Gestalten der Tod. Die Vögel hatten die Stadt verlassen. Da kam der Weihnachtsmann, goldbestäubt, schillernd und funkelnd. Alles war wieder gut.«

André Marie Ampère*

»Der Anfang des Weihnachtsmanns verliert sich im Dunkel der Legenden, und dort ist er bisher auch geblieben. Solange seine physische Existenz nicht durch eine strenge Observation zweifelsfrei belegt wird, ist die Hypothese geboten, daß er gar nicht real vorhanden ist.«

Roald Amundsen*

»Ich bin an vielen kalten Orten gewesen, aber ich habe noch nie jenen Geisterschlitten gesehen, der hin und wieder über den winterlichen Himmel irren soll. Ich denke, daß der Weihnachtsmann von ähnlicher Bedeutung ist wie eine aufziehbare Spielzeugmaus.«

Hans Christian Andersen*

»Die Märchenwelt ist voller Wunder. Auch in der wirklichen Welt gibt es Wunder, aber sie sind selten. Sie verbinden die wirkliche Welt mit der Märchenwelt. Ein solches Wunder ist der Weihnachtsmann. Er bewegt sich mit großer Leichtigkeit zwischen der wirklichen Welt und der Märchenwelt hin und her, aber das ist nur mit Blick auf die näheren Umstände seiner Existenz angemessen zu verstehen.«

»Am zweiten Weihnachtsfeiertag verhüllte sich der

Weihnachtsmann in einen schwarzen Mantel und schwebte langsam über den Deich aufs offene Meer hinaus. Eine unwiderstehliche Kraft zog ihn ins Seemannsgrab. Ein Schwarm Heringe suchte Schutz unter seinen Kleidern.«

Lou Andreas-Salomé*

»Wir wohnten in Sankt Petersburg in einem schönen großen Haus in der Nowoissakiewskaja in unmittelbarer Nähe des Winterpalastes. Aus der Zeit meiner früheren Kindheit gab es ein düsteres Erinnerungsstück, das lange von meinem Vater aufbewahrt wurde. Es waren die blutigen Stiefel des Weihnachtsmanns, der über den Platz vor dem Winterpalast gegangen war. Dort waren wenige Stunden zuvor die vom Popen Gapon angeführten Bittsteller zusammengeschossen worden. Der Weihnachtsmann wollte die Stiefel nicht mehr tragen und stellte sie vor unsere Tür, aber niemand mochte sie einfach wegwerfen, und so blieben sie – eingewickelt in Packpapier – wie eine unheilvolle Reliquie im Haus. Alle wußten, wo die Stiefel aufbewahrt wurden, und dachten oft an sie, aber die ganze Familie mied dieses Thema. Doch das Unausgesprochene entwickelte sich über die Jahre zu einem bedrückenden Tabu. Das Blut der Märtyrer schien an den Wänden zu haften, und manchmal – wenn ich den Wasserhahn aufdrehte – fürchtete ich, es würde aus der Leitung herausfließen.«

»Im Juni fuhren wir zu Onkel Gulla auf die Datscha nach Kamenka bei Tosna, südlich von Petersburg. Tante Catharina sagte, daß der Sommer das Land mehr verändern würde als ein neuer Zar. Gleich am ersten Tag trat ich mir eine Glasscherbe in den Fuß. Ich setzte mich in den Stall zu Sirota, dem Pferd von Onkel Gulla. Sirota heißt Waisenkind. Ich erklärte Sirota meinen Schulweg in Petersburg. Als ich fertig war, blutete mein Fuß nicht mehr.

Mein Cousin Pjotr war ein hübscher Junge, der viele geheime Stellen im Wald kannte. Schon damals ahnte ich, daß mir die Natur etwas Unaussprechliches sagen wollte, aber ich fühlte mich noch nicht reif genug, um diese feinsinnige Botschaft zu verstehen. Alles Leben schien auf geheimnisvolle Art miteinander verbunden zu sein. Ich wollte Pjotr später heiraten, obwohl Onkel Gulla immer sagte, daß Männer und Frauen überhaupt nicht zusammenpassen.

Eines Tages pflückten wir Himbeeren in einer Waldlichtung. Plötzlich öffnete sich der Schlag, und vor uns stand der Weihnachtsmann. Schreiend lief ich mit Pjotr davon. Ich hatte den Weihnachtsmann ganz genau gesehen, aber Onkel Gulla glaubte mir die Geschichte nicht. Doch am nächsten Tag gingen wir wieder an dieselbe Stelle und sahen die Abdrücke von seinen Stiefeln.«

»Männern gegenüber sagt man nicht immer die Wahrheit, aber zu einem Hund oder zum Weihnachtsmann ist man immer aufrichtig.«

Jeanne d'Arc*

»Nichts ist mehr heilig. Aber ich habe ihn mit eigenen Augen gesehen. Er befahl mir, die Rüstung anzulegen und gegen die Gottlosen zu kämpfen. Obgleich er von stattlicher Statur und gewandt in der galanten Rede war, geriet meine Jungfräulichkeit mit der Hilfe der Rüstung und des Rosenkranzes zu keiner Zeit in Gefahr. Den oberen Harnisch hätte ich freilich gerne abgelegt, weil er nicht für eine Frau gefertigt war. Aber zur Vorsicht tat ich es nicht.«

Aristoteles

»Alles, was von Natur ist, trägt etwas Göttliches in sich. Auch dieser große alte Mann, der aus Fleisch und Blut ist, ist Teil der Natur und trägt folglich etwas Göttliches in sich.«

»Ein und dasselbe Ding ist niemals ununterbrochen lustvoll, und so langweilen die Geschenke des alten Mannes, weil sie immer dieselben sind.«

Ernst Moritz Arndt*

»Nur Du und ich und die Natur. Ein ergreifender Augenblick, den ich nur ungerne unterbreche. Aber die Zeitläufe drängen zur Tat, und so frage ich Dich ganz unverblümt: Bist Du bereit, für das Hambacher Fest dreißig Fässer Bier zu stiften?«

Marc Aurel

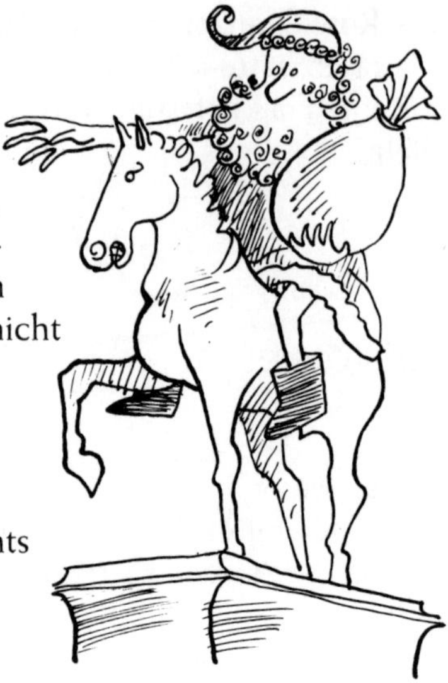

»Wenn wir auch nicht wissen, woher er kommt, muß er von irgendwo herkommen, denn aus dem Nichtseienden kann Sein nicht entstehen. Und wenn wir auch nicht wissen, wohin er fährt, muß er irgendwo hinfahren, denn Seiendes kann nicht in das Nichts übergehen.«

Johann Sebastian Bach*

»Im August anno 1742 trug es sich zu, daß ich dem Weihnachtsmann auf einem Feldweg begegnete. Er war sommerlich bekleidet und trug leichte Riemenschuhe, aber ich hielt ihn sogleich für den, der er in Wahrheit war. Unsere Blicke waren wie Berührungen.«

»Ein schönes Spektakel war es, als uns der Weihnachtsmann anno 1745 verließ. Er ging zur Tür und hob ab. Aus seinem roten Mantel fielen noch einige Kekse.«

Honoré de Balzac

»Alsbald zeigte sich der Weihnachtsmann, machte ein paar Schritte, ohne die Frau anzublicken – oder wenn er sie anblickte, so sah er sie doch nicht –, und blieb aufrecht mitten im Wohnzimmer stehen, den leicht geneigten Kopf in die rechte Hand gestützt. Ein fürchterlicher Schmerz, an den sie sich nicht gewöhnen konnte, obgleich er täglich mehrmals wiederkehrte, zog der Frau das Herz zusammen, verscheuchte ihr Lächeln und legte ihre bräunliche Stirn zwischen den Brauen in Falten, beiderseits der Linie, die die heftigen Gefühle im Laufe der Zeit eingraben. Ihre Augen füllten sich mit Tränen, die sie aber beim Anblick des Weihnachtsmanns sogleich fortwischte.

Es war unmöglich, von diesem Patriarchen nicht einen tiefen Eindruck zu empfangen. In seiner Jugend mochte er dem erhabenen Märtyrer ähnlich gewesen sein, der Karl V. mit der Drohung geschreckt hatte, ein neuer Artevelde zu werden. Jetzt aber schien er über sechzig Jahre alt zu sein, während er doch erst etwa fünfzig war, und seine vorzeitige Greisenhaftigkeit hatte jene rühmliche Ähnlichkeit zerstört. Seine hohe Gestalt war leicht gebeugt, sei es, daß seine Arbeiten ihn nötigten, sich zu bücken, sei es, daß sich die Wirbelsäule unter dem Gewicht seines Kopfes gekrümmt hatte.

Er hatte breite Schultern, einen massigen Oberkörper, aber die unteren Teile seines Körpers waren schmächtig, wenngleich muskulös, und dieses Mißverhältnis in einer früher offenbar vollendeten Gestalt beunruhigte den Geist, der sich diese wunderliche Form durch irgendeine Seltsamkeit der Lebensweise zu erklären suchte. Sein schlecht gepflegtes, volles weißes Haar fiel ihm nach deutscher Art auf die Schulter, aber in einer Unordnung, die der allgemeinen Absonderlichkeit seiner Person entsprach.

Seine breite Stirn wies übrigens die Höcker auf, in denen Gall den Sinn für Poesie angesiedelt hat. Seine Augen von hellem, kräftigem Blau konnten plötzlich lebhaft werden, wie man es bei großen Forschern auf dem Gebiet der okkulten Wissenschaften beobachtet hat. Seine Nase, die ohne Zweifel früher vollendet gewesen, war länger geworden, und die Nasenlöcher schienen infolge einer unwillkürlichen Anspannung der Geruchsmuskeln nach und nach immer weiter zu werden.

Die behaarten Backenknochen sprangen stark vor, wodurch seine ohnehin eingefallenen Wangen um so hohler erschienen; sein anmutiger Mund war eingezwängt zwischen der Nase und einem kurzen, schroff vorstehenden Kinn. Dennoch war die Form seines Gesichtes eher lang als oval; daher hätte jenes wissenschaftliche System, das jedem Menschenantlitz die Ähnlichkeit mit einem Tiergesicht zuweist, einen weiteren Beweis im Gesicht des Weihnachtsmanns gefunden, das man mit einem Pferdekopf hätte vergleichen können.

Seine Haut klebte ihm förmlich an den Knochen, als hätte ein geheimes Feuer sie nach und nach ausgetrocknet. Wenn er im Raum umherschaute, als wollte er darin die Verwirklichung seiner Hoffnungen finden, schien es zuweilen, als bliese er aus seinen Nasenflügeln die Flamme heraus, die seine Seele verzehrte. Dieses bleiche, stark gerunzelte Gesicht, diese Stirn, die gefurcht war wie die eines alten, geplagten Königs, vor allem aber diese funkelnden Augen, deren Feuer gleicherweise genährt wurde durch die von der Tyrannei des Denkens erzeugte Keuschheit wie durch die innere Glut einer unermeßlichen Intelligenz, offenbarten die tiefen Empfindungen, die in den großen Männern lebendig sind.

Die Ringe unter den tief in ihren Höhlen liegenden Augen schienen einzig von den durchwachten Nächten herzurühren und von den schrecklichen Reaktionen, die eine stets enttäuschte und immer wieder neu aufkeimende Hoffnung hervorruft. Der eifersüchtige Fanatismus, welchen die Kunst oder die Wissenschaft einflößen, verriet sich bei diesem Mann zudem an einer seltsamen und beständigen Zerstreutheit, von der sowohl seine Haltung als auch sein Äußeres zeugten, die mit der großartigen Absonderlichkeit seiner Physiognomie in Einklang standen.

Seine breiten, behaarten Hände waren schmutzig, seine langen Fingernägel wiesen an den Rändern pechschwarze Linien auf. Seine Schuhe waren entweder nicht geputzt, oder es fehlten die Senkel. Seine fleckige, rote Tuchhose, die aufgeknöpfte Weste und sein stets zerrissener, ebenfalls roter Rock vervollständigten ein wunderliches Gesamtbild von kleinen und großen Erscheinungen, das bei jedem anderen ein durch die Laster erzeugtes Elend enthüllt hätte; beim Weihnachtsmann jedoch war es die Nachlässigkeit des Genies.

Nur zu oft bringen Laster und Genie ähnliche Wirkungen hervor, über die sich der gemeine Mann täuscht. Ist das Genie nicht ein unablässiger Exzeß, der die Zeit, das Geld und den Körper aufzehrt und der noch schneller ins

Elend führt als schlimme Leidenschaften? Die Menschen scheinen den Lastern sogar mehr Achtung entgegenzubringen als dem Genie, denn diesem versagen sie den Kredit.«

»Sein Gaumen, übermäßig empfindlich geworden, war plötzlich abgestumpft, weil er mit allem übersättigt war. Frauen und gutes Essen waren zwei Gelüste, die von dem Augenblick an, da er sie über das eigentliche Vergnügen hinaus auszukosten vermochte, so vollständig befriedigt waren, daß er weder zum Essen noch zum Lieben mehr Lust verspürte. Da er sich Herr aller Frauen wußte, die er nur begehren würde, und im Besitz einer Kraft, die niemals versagen sollte, mochte er gar keine Frauen mehr haben; da er sie im voraus seinen liederlichsten Launen gefügig fand, fühlte er einen entsetzlichen Durst nach Liebe und wünschte sie sich zärtlicher, als sie sein konnten.

Das einzige aber, was ihm die Welt verweigerte, waren der Glaube und das Gebet, diese beiden inbrünstigen und tröstlichen Leidenschaften. Man gehorchte ihm. Das war ein schrecklicher Zustand. Die Stürme des Schmerzes, der Lüste und Gedanken, die seinen Körper und seine Seele schüttelten, hätten die stärkste Kreatur zugrunde gerichtet; aber in ihm steckte eine Lebenskraft, die mit der Kraft der Empfindungen, die ihn durchtobten, in Einklang stand.

In seinem Innern spürte er etwas Unermeßliches, das von der Erde nicht mehr befriedigt wurde. Er verbrachte den Tag damit, daß er seine Flügel ausbreitete und die lichtvollen Sphären durchstreifen wollte, von denen er eine klare und trostlose Anschauung hatte. Er verdorrte innerlich, denn er dürstete und hungerte nach Dingen, die er nicht trinken und nicht essen konnte.«

Ludwig van Beethoven*

»Von der äußeren Welt höre ich seit Jahren nichts, wohl aber von der inneren Welt. Am Weihnachtsabend des Jahres 1825 hörte ich ein zischendes Geräusch und dann einen hellen Glockenklang: dreimal kurz, einmal lang.«

Vincenzo Bellini*

»Ich fragte Chopin, was er von einem nordischen Musikdrama über den Weihnachtsmann halte. Er riet mir ab. Unterschiedliche Motive für diesen Rat schienen mir denkbar. Manchmal wirkte er ein wenig eifersüchtig. Wie töricht! Die guten musikalischen Stoffe reichen für alle Tondichter, und auch über den Weihnachtsmann lassen sich ohne Mühe zwei oder drei vorzügliche Opern komponieren.«

Walter Benjamin*

»Nachts kamen die Soziologen. Sie spürten rätselhafte Schwingungen im Volkskörper und bekannten sich zur Entfremdung. Die Architekten bauten derweil Städte für Riesen und sorgten für einen Kahlschlag im Nürnberger Bannwald. Die Segen der Zivilisation sind schnell aufgezählt, aber alles hat seine Logik. Schwer ist es, Gott zu begegnen oder dem Weihnachtsmann.«

»Die Identifikation mit einem Helden kompensiert die eigene Schwäche. Die große Popularität des Weihnachtsmanns beruht alleine darauf, daß ein Volk von Geizhälsen fasziniert ist von der Freigebigkeit dieses sklerotischen alten Mannes.«

Gottfried Benn*

»Ich verfolgte den Strolch über die Dächer. Er lief flink und geschickt auf den steilen Schieferplatten, obwohl er feste Stiefel trug. Als ich ihn fast erreicht hatte, sprang er kopfüber in einen Kamin.«

»Ich erkannte ihn sofort. Zwar trug er eine Maske, die ihn jünger erscheinen lassen sollte, aber seitlich davon quoll sein weißer Bart hervor. Außerdem bemerkte ich Altersflecken auf seinen Handrücken.«

»Er winkte mich zu seinem Schlitten und bat mich, auf dem schmalen Platz Rücken an Rücken mit ihm zu liegen. Ich tat es, um ihm einen Gefallen zu tun, obwohl mir nicht ganz klar war, was er vorhatte. Aber er hatte nichts vor. Nach 10 Minuten stand er auf, stieß mich mit der Stiefelspitze an und sagte: ›hopp-hopp‹ und dann noch einmal ›hopp-hopp-hopp‹. Ich fiel in den Schnee, und da war er auch schon weg wie ein Irrlicht. Irgendwie liebe ich ihn, aber ich könnte ihn ebensogut hassen.«

»Ich habe den Alten bedroht und ihn gezwungen, in meine Wohnung mitzukommen. Dort habe ich ihn gefesselt und ihm mit einer Schere die Kleider vom Körper geschnitten. Er war so, wie ich es vermutet hatte: wenig behaart, verschwitzt, fett und impotent.«

Hector Berlioz*

»Als ich in den Garten hinauslief, war er schon verschwunden. Ich hoffte, wie in jedem Jahr ein festliches Paket zu finden, fand aber nur zwei dürre Couverts, naß vom schweren Schnee. Eine stattliche Geldsumme, welche meinen Umständen am Tunlichsten entsprochen hätte, konnte ich darin nicht erwarten, da der Weihnachtsmann mit Barem geizt, und so ging ich in den Salon und öffnete das erste Couvert. Ein Billet war darin, und darauf stand ein einziges Wort: ›Romeo‹. Und so öffnete ich das zweite, und dort las ich: ›Julia‹. Ein Rätsel, so meinte ich zuerst, aber als ich mich zu später Stunde an den Flügel setzte, wurde mir alsbald klar, daß ich ein wunderbares Geschenk bekommen hatte.«

Billy the Kid*

»Ich hatte ihn irgendwie gern, den alten Esel. Ein Held war er freilich nicht. Er wußte, wenn es Zeit war abzuhauen.«

Hildegard von Bingen*

»Wenn man mit dem Weihnachtsmann im Herzen verheiratet ist, kann das Glück oder Unglück bedeuten, denn je mehr man sich geliebt hat, um so mehr kann man sich hassen. Ich habe ihn sehr geliebt, und im selben Maße nagt jetzt der Haß in mir. Mit dem Beistand der Heiligen und eigener Buße will ich mich von dieser Sünde reinigen. Gott gebe mir dafür die ausreichende Lebenszeit.«

Otto Fürst von Bismarck*

»Auch wenn niemand es will, muß jemand im Passionsspiel den Judas darstellen, und am Weihnachtsfest muß auch jemand als trotteliger Weihnachtsmann auftreten. Ich erkannte ihn sofort. Es war König Ludwig von Bayern.«

Georges Bizet*

»Die Stierkämpfer ziehen in die Arena. Carmen wird von zwei Mädchen gewarnt. Sie sagt: ›Ich bin nicht das Weib, das sich fürchtet‹. Plötzlich tritt ihr der Weihnachtsmann in den Weg. Er fleht sie an; sie weist ihn ab und wirft ihm den Ring vor die Füße. Er packt sie und zwingt ihr einen Kuß auf. Die Menge jubelt ihm zu. Vorhang.«

Arnold Böcklin*

»Der Sommer brütete über der stillen Landschaft. Die langen Schatten der Vergangenheit schoben sich unter die Bäume. Dort lag er und schlief, im leichten Untergewande. Sogleich war er verschwunden. Das Göttliche zeigt sich stets nur eine Sekunde lang.«

Heinrich Böll

»Zuerst ging ein großes, tragisches Gesicht an ihnen vorbei, das war der Weihnachtsmann. Er sah müde aus. Hastig trug er seinen Kopf mit den bläulichen Tränensäcken, den gelben Malariaaugen und dem schlaffen, dünnlippigen Mund eines Mannes, der Pech hat, an den tausend Kindern vorbei.«

»Es war im Krieg, am Heiligen Abend 1915. Ich war einfacher Soldat bei der Infanterie. Wir planten einen Sturmangriff. Als das Kommando kam, rannten wir ein abschüssiges Gelände hinab, mit aufgepflanzten Bajonetten. Die Granatwerfer erleuchteten die Nacht wie die Gewitter in den Wagnerschen Opern. Wir stießen durch das letzte Drahtverhau vor den französischen Schützengräben und sprangen hinein. Sie waren leer. Niemand war zu sehen. Im Kommandounterstand fanden wir schließlich einen dicken alten Mann in roter Uniform. ›Nicht schlecht, Kameraden‹, sagte er, ›Weiber sind nicht da. Aber wie wär's mit Saufen?‹« (*)

»Zwar hatte ich nichts Bestimmtes erwartet, aber dann war ich doch enttäuscht: Er war verquollen und hatte glasige Augen, eine dicke, rote Nase sowie eine schlechte

Haut. Er machte anzügliche Bemerkungen und wippte dabei provozierend mit seinen Knien.« (*)

Napoleon Bonaparte

»Wie es seine deutsche Art ist, wirkt der Weihnachtsmann bald scharfsinnig und großmütig, bald tumb und geizig. Vom Erhabenen zum Lächerlichen ist nur ein Schritt.«

»Metternich läßt das Gerücht ausstreuen, daß meine verehrte Mutter anno 1768 vom Weihnachtsmann besucht wurde. Hiermit wird im allgemeinen untersagt, nach der Vaterschaft zu forschen.«

»Der Schlitten, mit dem der Weihnachtsmann nach Capoliveri fahren wollte, hatte rostige Kufen. Zum Glück war in Porto Azurro Endstation, so daß keine weiteren Ortschaften beleidigt wurden.« (*)

James Bond*

»Zwerge essen am liebsten süßen Grießbrei. Als ich neben der Schlittenspur einen erbsengroßen Rest von Grießbrei fand, der im Schnee kaum zu erkennen war und ihm offenbar aus dem Bart gefallen war, vermutete ich sofort, daß er ein Zwerg war. Plötzlich wurde alles klar. Wie er durch die enge Luke gestiegen und warum er Hals über Kopf aus dem Haus geflüchtet war: Die Katze hatte ihn gejagt. Ich lebe noch, weil ich den KGB nie unterschätzt habe.«

Tycho de Brahe*

»Die Sonne zieht unnütz ihre Bahn. Aber noch unnützer zieht der Weihnachtsmann mit seinem Schlitten über den winterlichen Himmel. Er existiert wirklich. Ich habe ihn mit eigenen Augen gesehen. Aber seine Geschenke existieren nicht wirklich. Sie stammen allesamt von den guten Menschen, die ihren Kindern eine Freude machen wollen. Was für den Weihnachtsmann gilt, gilt ebenso für das Christkind.«

Johannes Brahms*

»Oh Weihnachtsmann, oh Weihnachtsmann, wie rot ist Deine Nase ... Offen gestanden erscheint mir, daß dieser Text höchsten literarischen Ansprüchen nicht notwendigerweise entspricht. Aber besser als die Libretti von Wagner ist er allemal, und mit einer reichen Klavierbegleitung kann er geziemend verwandelt werden wie ein biederes Mädchen in eine wunderschöne Braut.«

Bert Brecht*

»Er sagte: ›Mein Junge, du scheinst mir etwas übererregt zu sein‹. Ich haßte ihn von Anfang an. Er war widerlich.«

Alfred Brehm*

»Mir war schon häufig aufgefallen, daß Menschen, die in engem Kontakt mit Tieren leben, diesen ähnlich werden. Dieses Phänomen bekam eine erneute Bestätigung, als der Weihnachtsmann in unsere Stube trat. Bevor er seine Geschenke verteilte, schnüffelte er kurz am festlich geschmückten Baum und biß einige frische Triebe ab, die er mit mahlenden Kaubewegungen verspeiste.«

»Der Weihnachtsmann bat mich, ihn durch die Stadt zu führen, um zu überprüfen, ob nachts wirklich alle Katzen grau sind. Im Schein seiner Lampe zeigte sich, daß dies nicht der Fall ist. Manche hatten sogar Junge.«

Georg Büchner

»... Ich verlange in allem – Leben –, und dann ist's gut: Wir haben dann nicht zu fragen, ob es schön, ob es häßlich ist. Das Gefühl, daß, was geschaffen sei, Leben habe, stehe über diesen beiden und sei das einzige Kriterium in Kunstsachen ... Da wollte man idealistische Gestalten, alles, was ich davon gesehen, ähnlich bewerten wie den tumben Weihnachtsmann. Dieser Idealismus ist die schmählichste Verachtung der menschlichen Natur.«

Charles Bukowski*

»Ich kam zurück mit zwanzig Dosen. Sechs hatte ich schon eingeworfen. Wenn ich heute bei Jane noch eintauchen wollte, mußte ich aufhören zu saufen. Das war mir klar. Der Alte lag in seinem verkotzten roten Mantel auf dem Sofa und war scharf wie eine Rasierklinge. Fast wäre er über seine verdammten Rentiere hergefallen, aber nachdem ich ihn abgefüllt hatte, schlaffte er schließlich ab. Jane kam um 10, in einem geilen Lackmantel, nichts drunter.«

»Jede Woche kommt er mal rüber, um ein paar Dollars und einen kräftigen Schluck zu schnorren und so zu tun, als könnte er jederzeit eine große Nummer auf die Matratze bringen.«

Julius Caesar

»Seine Gesellschaft ist mir angenehm, denn ich fürchte nicht so sehr die Fetten und Gelockten, sondern mehr die Bleichen und Hageren.«

Pedro Calderón de la Barca*

»Wie ist die Existenz der Hölle vereinbar mit dem Bild des barmherzigen und gnädigen Gottes? Mit dieser Frage heben wir den Blick in den Himmel und suchen die Antwort zwischen den Sternen. Aber wir bekommen keine Antwort. Schlimmer noch: Manchmal zerstört ein germanischer Narr die Heiligkeit des Augenblicks.«

Giacomo Casanova*

»Als ich auf die Bleidächer geführt wurde, gewahrte ich einen alten Mann im roten Rock, der elendig schwitzte. Wir kamen ins Gespräch, und obwohl ich alle Hoffnung auf der Seufzerbrücke schon hatte fahren lassen, gab er mir eine längst vergessene Heiterkeit zurück, als er mir in Aussicht stellte, mit ihm eine erfolgreiche Flucht zu unternehmen. Der Abendstern war kaum über der Lagune aufgestiegen, da wurde über dem Campanile ein schwaches Licht sichtbar; langsam wurde es stärker und größer; ich vermeinte, im Fieber zu sein: Eine Lichtwolke kam auf uns zu, und als sie sich auflöste, bemerkte ich vier fabelhafte Wesen, die sich wie besonders schöne und schlanke Rinder ausnahmen und eine sonderbare Kutsche ohne Räder hinter sich herzogen. Der alte Mann setzte sich auf den Bock und winkte mich hinzu. Wie berauscht vom lieblichsten Wein stieg ich auf, und dann hob das Gefährt ab, schoß durch die Lüfte und landete just vor dem ›Amore Perfetto‹ in Florenz. Der alte Hexer hatte es gut mit mir gemeint, aber nach allen Strapazen war ich in beklagenswerter Weise lendenschwach, und so nahm ich noch in derselben Nacht eine Post nach Padua.«

Miguel de Cervantes*

»In jener Nacht fiel ein dicker alter Mann mit vier Hirschen aus dem Himmel, mit großem Gepolter, direkt neben mein Nachtlager. Ich dachte, er sei der Anti-Christ in germanischer Gestalt, und so warf ich mich auf ihn und geriet mit ihm in einen Kampf. Aber seine Fäuste gingen auf mich nieder wie die Flügel einer Windmühle, und ehe ich recht zur Besinnung kommen konnte, flog er mit seinen Hirschen aus dem Fenster hinaus. Ich erflehte den Beistand der Heiligen Jungfrau, und so wurde mir eine erneute Heimsuchung erspart. Aber meine Schrecken waren nicht ohne Gewinn, denn jetzt wußte ich, gegen wen Don Quijote kämpfen mußte, um meine Leser im höchsten Maße zu erfreuen.«

Paul Cézanne

»Vergangenen Sonntag ist der Weihnachtsmann gekommen ... der Unglückliche, ich habe ihn mit Theorien über Malerei vollgestopft. Er muß wirklich ein gutes Temperament haben, daß er das ausgehalten hat, aber als ich ihm sagte, daß ich die Modellierung durch das Studium der Farbtöne ersetze, und als ich versuchte, ihm dies an Hand der Natur begreiflich zu machen, da schloß er die Augen und wandte mir den Rücken.«

»Monsieur, der autoritäre Ton, den Sie seit einiger Zeit mir gegenüber anschlagen, und die etwas ungezwungene Art, die Sie sich mir gegenüber im Augenblick Ihres Weggangs erlaubten, sind nicht dazu angetan, mir zu gefallen. Ich bin entschlossen, Sie nicht in meinem Hause zu empfangen. Die Lehren, die Sie sich mir zu erteilen erlauben, werden auf diese Weise ihre Früchte getragen haben. Leben Sie also wohl.«

Adelbert von Chamisso

»Denke ich an den Weihnachtsmann, träume ich mich als Kind zurück und schüttle mein greises Haupt. Er, der herrlichste von allen, hat die Macht, und so hat er auch alles Recht auf Erden.«

Frédéric Chopin*

»Auf seinen Wunsch setzte ich mich an den Flügel und spielte einen Notturno. Aus seiner Teilnahmslosigkeit folgerte ich, daß er schlecht hört. Vielleicht hatte ihm Beethoven die Ohren vollgekleistert. Dieser Gedanke war naheliegend, weil Beethoven von seiner eigenen Musik taub geworden ist.«

James Cook*

»Er sah mir fest in die Augen und hatte einen kräftigen Händedruck. Ich mag Menschen, die so sind wie ich.«

Pierre Corneille*

»Die Tugend ist gewiß langweilig, aber Ehre und Pflichtgefühl begründen schließlich den Ruhm. In diesem Sinne ist der Weihnachtsmann eine eminente Person. Ich habe seit früher Jugend bedauert, daß er kein Franzose ist.«

Camille Corot*

»Ich habe mir in diesem Jahr vom Weihnachtsmann gewünscht, wieder einmal ein Bild zu malen, das mir ein gedeihliches Auskommen und einen gebührlichen Ruhm beschert. Hoffentlich hat sich Delacroix nicht dasselbe gewünscht. Ich konnte diesen Kerl noch nie leiden. Mein Leben wäre viel angenehmer, wenn er weniger Erfolg hätte.«

Lukas Cranach*

»Die Nacht war erhaben und finster. Ich stand im warmen Pelz am Fenster und sah in die Sterne. Wie groß und herrlich hat der heilige Gott das Firmament geschaffen! Da sah ich erst einen schwachen flackernden Schein, bald ein helles Licht, und dann fuhr der Weihnachtsmann in voller Pracht über die Milchstraße, hinter ihm ein funkelnder Kometenschweif.«

Georges Cuvier*

»Im Lichte der vergleichenden Anatomie spricht vieles dafür, daß der Weihnachtsmann ein Mensch ist. Aber auch wenn es nicht angenehm ist, sollte beachtet werden, daß er keinen Stuhlgang hat.«

Louis Daguerre*

»Am Heiligen Abend legte ich mich auf die Lauer. Ich hatte drei Silberplatten zurechtgelegt. Ich postierte meine Camera zwischen den Vorhängen, und kaum daß ich bereit war, fuhr er auch schon vor. Es gelang mir, zwei Platten zu belichten, und dann legte ich sie zügig ins Quecksilber-Bad. Die Bilder waren von äußerster Akkuratesse, aber niemand mochte glauben, daß sie wahrhaftig den Weihnachtsmann darstellten.«

Dante Alighieri*

»Eingepackt in einer kleinen Kiste fuhr mein Geist auf dem Schlitten des Weihnachtsmanns durch die drei Reiche des Jenseits: die Hölle, den Läuterungsberg und das Paradies. Dort kamen wir schließlich an. Der Weihnachtsmann öffnete die Kiste. Mein Geist fuhr erschreckt heraus und verbarg sich im Geäst eines Apfelbaums.«

Daniel Defoe*

»Ich hatte mich tunlichst eingerichtet, daß es am Nötigsten nicht mangelte. Würde ich England je wieder sehen? Wollte ich es überhaupt, oder wünschte ich insgeheim, daß niemand mich hier entdeckte? Ich wußte es nicht. Ich kramte lustlos in einer geborgenen Kiste nach nützlichen

Werkzeugen oder Gegenständen und sah zufällig aus meinem ›Fenster‹ zum Strand. Ich glaubte, meinen Augen nicht zu trauen: Noch ein Schiffbrüchiger! Ein uralter Mann im schweren, nassen Wollmantel zog ein seltsames Boot an Land. Angeschirrt waren vier tote Tiere; sie sahen aus wie große Ziegen. Hunderte von kleinen, feingeschnürten Päckchen hüpften in der Brandung auf und ab.«

Eugène Delacroix*

»Ma chère, stellen Sie sich einmal vor, der Weihnachtsmann wäre gar nicht real. Für die Kunst, die mich alleine interessiert, wäre dies kein Verlust.«

Demosthenes

»Wenn jemand auch glaubt, es gehe ihm sehr gut und er werde an diesem Tage mit Geschenken überhäuft werden, so weiß er doch nicht, ob dieses bis zum Abend Bestand haben wird.«

René Descartes

»Sobald mein Alter es mir erlaubte, mich von der Unterwerfung unter meine Lehrer freizumachen, gab ich das gelehrte Studium völlig auf. Ich entschloß mich, kein anderes Wissen mehr zu suchen als dasjenige, das sich in mir selbst oder in dem großen Buche der Welt finden könne. Ich verwandte den Rest meiner Jugend darauf zu reisen, Höfe und Heere zu sehen, mit Menschen von verschiedener Art und Stellung zu verkehren, mannigfache Erfahrungen zu sammeln, mich in den Ereignissen, die das Geschick mir darbot, zu erproben und überall über das, was mir begegnete, so nachzudenken, daß ich davon Gewinn hätte. Dem hochgepriesenen Weihnachtsmann bin ich nirgendwo begegnet, und ich sah auch keinen Gewinn darin, über ihn nachzudenken.«

Charles Dickens*

»Der Weihnachtsmann ist unsichtbar, aber seine rote Tarnkappe ist sichtbar. Zum Geburtstag bekommt er eine Einladung auf die Festung. Er überwindet den Belagerungsring mit dem Zauber des Johanniskrauts und überbringt dem Kronprinzen drei Leberwürste. Viele Jahre später sichern Grabungen seinen Fußabdruck an der Zugbrücke ... Es ist nicht die erste Aufgabe eines Dichters, über den Weihnachtsmann zu fabulieren. Aber es ist ein durchaus vergnüglicher Zeitvertreib.«

Otto Dix*

»Menschen, die Bier aus der Flasche trinken, sind mir sympathisch. Wie ein Wasserfall fielen seine Haare auf die Schultern. Kremser-Weiß mit etwas Zink-Weiß aufgemischt, in den schattigen Partien ein wenig Lichter-Ocker. Die Pausbacken Echt-Purpur mit einem Schuß Neapel-Gelb. Die Augen König-Blau, aber etwas blasser, also eine Spur Warm-Grau. Als ich mit dem Gesicht fertig war, war ich betrunken. Ich weiß nicht, ob ich in ihn verliebt bin. Ja vielleicht, zu 60 Prozent.«

»Der dunkle Geruch von Moosen, Wurzeln und frischer Erde legt sich auf das Flüstern der Trauergäste. Das Drehbuch für die Vergebung der Sünden wird aufgeschlagen. Der Wind dreht sich. Plötzlich erscheint der Weihnachtsmann. Er ist zweitausend Jahre alt, er kennt den Kosmos und das Erdinnere, er ist unverletzlich und unsterblich. Er kommt mit einem zischenden Geräusch. Ein neues Rätsel für die Gemeinde. Geheimnis des Glaubens.«

Fjodor Dostojewski

»Verstört beobachtete Raskolnikow noch immer mit angestrengter Aufmerksamkeit, was um ihn vorging. Unterdessen hatte sich der Weihnachtsmann zu ihm auf das Sofa gesetzt; plump, wie ein Bär, faßte er mit der linken Hand Raskolnikows Kopf, obgleich dieser auch selbst imstande gewesen wäre, sich aufzurichten, und mit der rechten Hand führte er ihm den Löffel mit Suppe an den Mund, nachdem er vorher ein paarmal darauf geblasen hatte, damit er sich nicht verbrenne.

Indes war die Suppe nur eben warm. Raskolnikow verschlang gierig einen Löffel voll, dann den zweiten, den dritten. Aber nachdem der Weihnachtsmann ihm so einige Löffel voll gereicht hatte, hielt er auf einmal inne und erklärte, hinsichtlich einer weiteren Verabfolgung von Nahrung müsse er erst Sossimows Zustimmung einholen.«

»Der Weihnachtsmann war im Hausanzug; er trug einen Schlafrock, sehr saubere Wäsche und ausgetretene Pantoffeln. Er war ein Mann von etwa fünfundsechzig Jahren, ein wenig unter Mittelgröße, wohlgenährt. Sein dickes, rundes, etwas stumpfnasiges Gesicht hatte eine kränkliche, dunkelgelbe Farbe, dabei aber doch etwas Energisches und sogar Spöttisches. Dieses Gesicht wäre selbst gutmütig zu nennen gewesen, wenn dem nicht der Ausdruck der Augen widersprochen hätte; diese hatten einen feuchten, wässerigen Glanz und waren von fast weißen Wimpern bedeckt, die fortwährend zuckten, als ob sie jemandem zuzwinkerten. Der Blick dieser Augen stand in einem eigentümlichen Gegensatz zu der ganzen Figur, die etwas Weibisches an sich hatte; sie wirkte dadurch noch fülliger, als der erste Anblick hatte vermuten lassen.«

Graf Dracula*

»Ich empfand zu ihm eine innere Verwandtschaft, da ich fühlte, daß auch er unsterblich war. Wir tanzten ein wenig und näherten uns im leichten Dreivierteltakt dem Happy-End. Aber als er lachte, bemerkte ich sein blasses Zahnfleisch. Er schien mir etwas blutarm zu sein. Schade. Der Abend hatte so nett begonnen.«

Karl von Drais*

»Der Weihnachtsmann gleicht einem scheuen Reh. In seinem schnellen Schlitten rauscht er vorbei, und ehe man es sich versieht, ist er schon hinweggefahren. Ich aber ersann eine List, um ihn ausgiebig zu Gesicht zu bekommen: Ich setzte mich auf mein Zweirad und wartete, bis er des Wegs kam. Und noch bevor er an mir vorbeiziehen konnte, stieß ich mich kräftig mit den Füßen ab und fuhr eine Zeitlang neben ihm her. So konnte ich ihn von Angesicht zu Angesicht betrachten. Er wirkte wie ein alter Mann, der regelmäßig dem Branntwein zuspricht.«

Albrecht Dürer*

»Am vollendeten Kunstwerk darf nichts hinzugefügt und nichts entfernt werden. So möchte man den Weihnachtsmann als ein Kunstwerk erkennen, denn alles an ihm ist im vollendeten Einklang. Seine Mütze mag unpäßlich erscheinen. Sein Bart mag ungepflegt wirken. Sein Schlitten mag aussehen wie ein einfaches Holzgerüst. Seine Hirsche mögen geringer bewertet werden als stolze Rösser. Und dennoch setzen sich alle Teile fügsam zueinander wie die groben Steine eines prächtigen Schlosses.«

Henri Dunant*

»Während der Schlacht von Solferino waren viele Soldaten beider Heere Zeugen, wie der Weihnachtsmann plötzlich durch die Reihen fuhr, links und rechts Geschenke auswarf und unentwegt eine helle Glocke läutete, damit er nicht versehentlich für einen Feind gehalten und um sein Leben gebracht würde. Keiner rührte einen Finger gegen ihn. Da kam mir der Gedanke, ein internationales Sanitätswesen zu schaffen, das von allen Kriegsparteien respektiert wird.«

Thomas Alva Edison*

»Über das Telephon können nur jene Bürger außer Rufweite miteinander sprechen, die beide ein solches Gerät besitzen. Der Weihnachtsmann ziert sich angesichts der technischen Entwicklung, und so muß man ihm weiterhin Briefe schreiben, die man auf das Fensterbrett legt, auch wenn man selber ein Telephon besitzt.«

Paul Ehrlich*

»Er sagte: ›Wer mich heute sieht, kann sich nicht vorstellen, daß ich früher ein ganz toller Hecht war‹. Auf diese Provokation gab ich keine Antwort, sondern konzentrierte mich auf die Blutabnahme. Ich versicherte ihm, er würde der erste sein, der den Befund erfährt. Wie ich vermutet hatte, litt er an der französischen Krankheit. Ich behandelte ihn fünf Wochen lang mit Salvarsan. Die eitrigen Stellen bildeten sich zurück, aber eine zufriedenstellende Funktion brachte er danach nicht mehr zustande.«

Joseph von Eichendorff

»Das Rad an der Mühle brauste und rauschte schon wieder recht lustig, der Schnee tröpfelte emsig vom Dache, die Sperlinge zwitscherten und tummelten sich dazwischen; ich saß auf der Türschwelle und wischte mir den

Schlaf aus den Augen; mir war so recht wohl in dem warmen Sonnenscheine. Da trat der Weihnachtsmann aus dem Hause; er hatte die Mütze schief auf dem Kopfe und sagte zu mir: ›Du Taugenichts! Da sonnst du dich schon wieder und dehnst und reckst dir die Knochen müde, und läßt mich alle Arbeit allein tun. Ich kann dich hier nicht länger füttern. Der Frühling ist vor der Tür, geh auch einmal hinaus in die Welt und erwirb dir selber dein Brot‹. ›Nun‹, sagte ich, ›wenn ich ein Taugenichts bin, so ist's gut, so will ich in die Welt gehen und mein Glück machen‹.

Und eigentlich war mir das recht lieb, denn es war mir kurz vorher selber eingefallen, auf Reisen zu gehn, da ich die Goldammer, welche im Herbst und Winter immer betrübt an unserm Fenster sang: ›Bauer, miet' mich, Bauer, miet' mich!‹, nun in der schönen Frühlingszeit wieder ganz stolz und lustig vom Baume rufen hörte: ›Bauer, behalt' deinen Dienst!‹ – Ich ging also in das Haus hinein und holte meine Geige, die ich recht artig spielte, von der Wand, der Weihnachtsmann gab mir noch ein festlich gebundenes Päckchen mit auf den Weg, und so schlenderte ich durch das lange Dorf hinaus.«

»Eingeschlafen auf der Lauer
ist der alte Weihnachtsmann.
Drüben gehen Regenschauer,
und der Wind rauscht durch die Tann.

Eingewachsen Bart und Haare,
und versteinert Brust und Krause,
sitzt er viele hundert Jahre
oben in der stillen Klause.

Draußen ist es still und friedlich,
alle sind ins Tal gezogen,
Waldesvögel einsam singen
in den leeren Fensterbogen.

Eine Hochzeit fährt da unten
auf dem Rhein im Sonnenscheine,
Musikanten spielen munter,
und die schöne Braut die weinet.«

Thomas S. Eliot*

»Er strahlte eine sanfte Schwermut aus. Sein ganzer Habitus war der Ausdruck würdevollen Scheiterns. Dennoch war er freundlich, und zwar weit über das gebotene Maß hinaus.«

Erasmus von Rotterdam

»Welches Schauspiel könnte eindrucksvoller sein als die Betrachtung der Geschenke des Weihnachtsmanns? Daran haben seine Lieblinge mehr Vergnügen als die anderen. Während die ersteren neugierig die wundersamen Gebilde anstaunen, ängstigen sich letztere im stillen über die Unergründlichkeit so vieler Erscheinungen. Bei manchen mäkelt auch eine angeborene Kritiksucht.

Der fromme Mensch betrachtet die Werke des Weihnachtsmanns, der ja sein guter Onkel ist, mit ehrfürchtigem und empfänglichem Blick und empfindet dabei ein herzhaftes Vergnügen. Jede Einzelheit faßt er ins Auge, hat nichts auszusetzen und dankt für alles, das er ohne Einschränkung als zu seinem Wohle bestimmt erkennt. Überall verehrt er mit Inbrunst die Großzügigkeit des alten Mannes, dessen wohltätige Spuren er in allen Stuben wahrnimmt, in denen Kinder zu Hause sind.«

»In der Seefahrt vertraut man das Steuer nicht dem Vornehmsten oder Reichsten an, sondern dem Kundigsten und Zuverlässigsten. Genauso wird man die Würde der Wohltätigkeit dem Weihnachtsmann übertragen, der die anderen durch großmütige Talente überragt, das heißt mit Weisheit, Gerechtigkeit, Maß, Voraussicht und Eifer für das Gemeinwohl sorgt. Herkunft, Reichtum und äußeres Ansehen sind ebensowenig Empfehlungen für die Wohltätigkeit wie für die Führung eines Schiffs.«

»Nimmt ein kluger Baumeister denn sein Vorbild vom gewöhnlichsten oder vom besten Werk? Die Maler nehmen sich nur die besten Gemälde vor. Unser Vorbild ist der Weihnachtsmann. Ihm kann man ohne Besorgnis nachfolgen. Außerdem könnte man an bewährten Männern insofern etwas vorbildhaft nennen, als es mit dem Weihnachtsmann übereinstimmt.«

Till Eulenspiegel*

»Er lacht immer an der falschen Stelle. Er ist nicht viel mehr als ein einfältiger Tor.«

Leonhard Euler*

»Der Weihnachtsmann fliegt über ein Dorf hinweg und wirft 72 Geschenke aus. Sie fliegen hernieder über 31 Häuser mit zusammen 159 Menschen. Sieben von diesen halten sich nur zufällig in dem Ort auf. Während die Geschenke noch in der Luft sind, wird ein Kind geboren, und zwei Gäste besteigen die Kutsche. Im Ort leben 26 Hunde und 132 Katzen. Jedes siebte Geschenk fällt auf ein Haus mit mindestens sieben Personen oder mit einem Hund und zwei Katzen. In jedem Haus, in dem zwei Katzen leben, leben mindestens drei Menschen ... Moment, jetzt muß ich nachdenken. Maria hat für das Abendbrot gedeckt und mich mit ihrer wohlgeformten Gestalt von dieser geistigen Übung abgelenkt.«

Euripides*

»Die Abwechslung erscheint ihm immer angenehm. Er fährt kurz hierhin, und er fährt kurz dorthin, und so ist er nirgends wie auch überall. Und so läßt er hier ein Geschenk und dort ein Geschenk, aber niemand ist zufrieden mit einem einzigen Geschenk. Ach, welch' ein großes Übel sind für die Menschen ihre Begierden!«

Johann Gottlieb Fichte

»Dieser Trieb, mit dem Weihnachtsmann vereinigt zu werden und zu verschmelzen, ist die innigste Wurzel alles endlichen Daseins; unaufhörlich bietet er sich uns dar, und wir haben nichts weiter zu tun, als ihn zu ergreifen.«

»Könnte ich doch meine Empfindungen für den Weihnachtsmann so heiß hingießen, wie sie in diesem Augenblicke meine Brust durchströmen und sie zu zerreißen drohen.«

»Ich weiß überall von keinem Sein und auch nicht von meinem eigenen. Es ist kein Sein. Nichts ist wirklich, und schon gar nicht der Weihnachtsmann. Es gibt nur Bilder: Sie sind das einzige, was da ist; sie schweben vorüber, ohne daß etwas ist, an dem sie vorüberschweben. Das Bild des Weihnachtsmanns schwebt an mir vorüber, aber ich bin selber nur ein Bild, das am Bild des Weihnachtsmanns vorüberschwebt. Alle Realität verwandelt sich in einen wunderbaren Traum, ohne ein Leben, von dem geträumt wird, und ohne einen Geist, der träumt; es ist ein Traum, der mit sich selbst zusammenhängt.«

Nikolaus von der Flüe*

»Die Burgunderbeute soll uns Eidgenossen nicht entzweien, und darum, daß sie nicht gerecht verteilt werden kann, wollen wir sie wie die Geschenke des Weihnachtsmanns empfangen. Dieser gibt dem einen ein Geschenk, dem anderen wohl zwei und noch einem anderen gar drei, und dennoch freuen wir uns an seinen Gaben und neiden sie unseren Nachbarn nicht.«

Theodor Fontane

»Im Norden der Grafschaft Ruppin zieht sich eine Seenkette hin. Einer der Seen heißt der Stechlin, rundum von alten Buchen eingefaßt, deren Zweige, von ihrer eigenen Schwere nach unten gezogen, den See mit ihrer Spitze berühren. Hie und da wächst ein Weniges von Schilf und Binsen auf, aber kein Kahn zieht seine Furchen, kein Vogel singt, und nur selten, daß ein Habicht darüber hinfliegt und seine Schatten auf die Spiegelfläche wirft. Alles still hier. Und doch, von Zeit zu Zeit wird es an ebendieser Stelle lebendig. Das ist, wenn an Weihnachten das Eis aufbricht und aus der Tiefe des Sees ein märchenhafter Schlitten in den samtschwarzen Himmel aufsteigt. Und so nennt das Volk den Weihnachtsmann hier ›Heiligen Stechlin‹, und manche sagen vertraulich ›der alte Stechlin‹.«

Benjamin Franklin

»Dem angehenden Händler sei als Leitspruch gesagt: Zeit ist Geld. Wenn daher der Weihnachtsmann nur einmal im Jahr handelsfähige Güter bereitstellt, so ist es klug, sich für die übrige Zeit des Jahres nach guten Waren umzusehen. Gesponnene Baumwolle zum Beispiel, oder Eisendraht oder feingebrautes Bier.«

Ferdinand Freiligrath*

»Mit dem Volke soll der Dichter gehen, also suchte ich den Contact mit dem Weihnachtsmann. Aber ich traf ihn nur ein einziges Mal. Ich konnte den Blick nicht von ihm wenden; ich mußte ihn unentwegt anschauen, bis er nach der Wegbiegung entschwunden war.«

Sigmund Freud*

»Er rauchte eine filterlose Zigarette und hielt sie provozierend zwischen seinen dicken Lippen. Die Deutung dieses aus seinem Unterbewußten gespeisten Verhaltens lag auf der Hand: filterlos also ungeschützt; Zigarette also schwache Potenz; provozierend also überkompensierend; dicke Lippen also der Wunsch nach voller weiblicher Sinnlichkeit. Seine sexuellen Bedürfnisse konnte er nur symbolisch ausdrücken, und das fand ich noch einmal eindrucksvoll bestätigt, als ich ihm eine Zigarre anbot. Er nahm sie ängstlich in die Hand und mußte gleich nach dem ersten Zug derart husten, daß er sich fast erbrach.«

»Der Weihnachtsmann ist reich und charmant, aber tief gespalten in seinen Gefühlen. Seine Hirsche strotzen vor Kraft und glänzen wie Aale, aber der Hund, den er hinter dem Schlitten herzieht, verhungert an der Kette.«

»In der Gestalt des Weihnachtsmanns ist die Greisensexualität symbolhaft verschlüsselt. Die Hirsche oder Rentiere deuten auf das Triebhafte-Animalische. Der Schlitten ist mühelos als der leicht gleitende Phallus zu erkennen, sozusagen als Kontrapunkt zur Zipfelmütze, die für das schlaff herunterhängende Glied steht. Der

starke Bartwuchs (= üppige Schambehaarung), will die ungenügende sexuelle Potenz kompensieren, und die in größter Freigiebigkeit ›ejakulierten‹ Geschenke entsprechen mehr einem verborgenen Wunsch als der gelebten Wirklichkeit. Die Verbindung mit dem Weihnachtsfest ist nicht zufällig, denn das in zahlreichen Kulturen nachgewiesene ›spottende Genitalpräsentieren‹ wird vorzugsweise gegen religiöse Tabus in Szene gesetzt.«

Friedrich II., »der Große«*

»Von der grandeur mystique des Weihnachtsmannes lerne das gemeyne Volk die simple lection: Der Sinn des Lebens besteht einzig darin, dasz jedermann seine verdammte Pflicht tue. Es soll jeder nach seiner Façon selig werden, bien sur, aber nur zur Förderung der Gloire des Ganzen. Der Weihnachtsmann verteilt seine Gaben, aber wir müssen uns dieser durch strenge Pflichterfüllung zuvorderst als würdig erweisen.«

Erich Fromm*

»Obwohl er seine phallisch-maskuline Neurose nicht länger überkompensieren konnte und daher an einer Fülle psychosomatischer Beschwerden litt, die ihn schließlich zu mir geführt hatten, war er nicht bereit, seine Therapiewiderstände zu überwinden. Nach zehn Sitzungen schickte ich ihn zu Alexander Lowen, der bemerkenswerte Erfolge bei der Heilung der Seele über die Arbeit mit dem Körper erzielte. Aber auch dieser erfahrene Kollege konnte letztlich nichts ausrichten. Der Weihnachtsmann zeigte zwar keinerlei Probleme, die innere Oberschenkelmuskulatur vibrieren zu lassen, das Becken zu kreisen und die Lippen mit einem saugenden Ausdruck nach vorne auszustülpen, aber er weigerte sich standhaft, die demütige Schildkrötenstellung einzunehmen oder mit gesenktem Kopf auf dem Boden zu knien. Das wunderte mich nicht. Wenn sich Neurotiker nicht wirklich ändern wollen, kann ihnen auch der beste Therapeut nicht helfen.«

Jakob Fugger II.*

»Der eine hat Geld, der andere hat Träume. Er hat Träume und kein Geld, aber er ist ein aufrechter Mann. Er wird Ihnen gefallen.«

Galileo Galilei

»Zwanzig Jahre, und die besten meines Lebens, habe ich nunmehr damit hingebracht, das bescheidene Talent, das mir von Gott und kraft meines Bemühens in meinem Berufe zuteil geworden ist, auf jedermanns Verlangen, wie man sagt, im Kleinhandel auszugeben; wenn daher der Weihnachtsmann in seinem gütigen und edlen Sinne mir außer dem Glück, ihm dienen zu dürfen, gewähren wollte, was ich sonst noch wünschen kann, so gestehe ich, daß mein Gedanke dahin gehen würde, soviel Muße und Ruhe zu gewinnen, daß ich vor meinem Lebensende drei große Werke, die ich unter Händen habe, zum Abschluß bringen könnte, um sie zu veröffentlichen, vielleicht zu einigem Ruhme für mich und für den, der mich bei solchen Unternehmungen fördert, und möglicherweise für die Jünger der Wissenschaft von größerem, universellerem und dauerndem Nutzen als das, was ich in den Jahren, die mir noch übrig bleiben, aus eigener Kraft zu leisten vermag.«

»Wer aber Augen hat, körperliche und geistige, der nehme diese zum Führer! Darum sage ich nicht, daß man den Weihnachtsmann nicht hören soll. Ich tadele nur, wenn man auf Gnade oder Ungnade sich ihm ergibt, derart, daß man blindlings jedes seiner Worte unterschreibt, und ohne nach anderen Gründen zu forschen, diese als einen unumstößlichen Erlaß anerkennen soll.«

»Es ist lange her. Vor dem Erlaß jenes Dekrets und bevor ein Verbot an mich ergangen war, schwankte ich und hielt die beiden Lehrmeinungen, nämlich die des Kopernikus und die des Weihnachtsmanns für vertretbar, obwohl nur entweder die eine oder die andere in der Natur wahr sein konnte. Aber nach jener der Klugheit der Oberen entsprungenen Verfügung schwand in mir jeder Zweifel, und ich hielt und halte noch heute für unbedingt wahr und unbezweifelbar die Lehre des Weihnachtsmanns.«

Féderico García Lorca*

»Die winterliche Landschaft nahm ihn auf, als wäre er ein Teil von ihr. Er lebte zwar ganz in einer von ihm geschaffenen Welt, aber diese führte er gleich einer Aura mit sich und breitete sie wie einen verzauberten Schleier über die sanften Hügel Asturiens aus.«

Christian F. Gellert

»Der Weihnachtsmann ist ein törichter Greis, aber ein Tor findet allemal noch einen größeren Toren, der seinen Wert zu schätzen weiß.«

Stefan George*

»Zur verwirklichung drängt der weihnachtsmann eigenmächtig und wer sich anschicken wollte zu bändigen diese kraft mit zweifelndem gemüt dem würde sie im vollen lichte um so unbändiger erscheinen. Auf der suche nach der vollendung irren wir durch den garten des wahnsinns und des todes und wachen geistes erwarten wir nicht was in aller deutlichkeit erfühlbar ist daß nämlich im selben garten der weihnachtsmann zu hause ist und sich den erstaunten blicken offenbart ohne das fromme schweigen zu brechen.«

»Ein traum eröffnete mir die unbekannte welt des geheimnisses und der verkündung: Am rand des dorfes muß ich leben weil mich die menge für den weihnachtsmann oder einen idioten hält. Eingehüllt im blauen abend stehe ich an einem strand. Vor meinen füßen wird ein toter hirsch angeschwemmt mit goldenen hufen. Nach einer angemessenen weile heiliger stille öffnet er die augen steht auf und schnuppert mit traurigem blick an meinen händen. In würdiger schwermut spüre ich wie mein herz im rhythmus der wellen schlägt und meine haare wachsen. Ein magnetischer sturm knistert über das wasser und erfüllt mich und die welt mit heiliger kraft. Ich sitze auf und wir galoppieren auf mystischen pfaden dem großen mond entgegen.«

»Es gibt eine kraft die eigenmächtig aus der materie drängt und sie formt aber es gibt auch eine andere kraft die von woanders vielleicht von außen vielleicht auch aus der zukunft wirkt um die materie in einer bestimmten ihr gemäßen aber nicht schon determinierten art zu formen ähnlich wie das wachstum der pflanzen vom licht gesteuert wird. Eine solche kraft geht vom weihnachtsmann aus. Im selben maße wie ich zu ihm hingezogen werde wachse ich zum deutschen heiland heran.«

George Gershwin*

»Schon als Kind fiel mir auf, daß man am Heiligabend keine Eichhörnchen sieht, wohl aber davor und danach. Und daß man den Weihnachtsmann an Heiligabend sieht, aber nicht davor und auch nicht danach. Ich nehme daher an, daß der Weihnachtsmann ein geheimnisvolles Wesen ist: Über das Jahr ist sein Körper in Millionen von Eichhörnchen atomisiert, und diese verdichten sich zu seiner bekannten Gestalt nur für wenige Stunden, nämlich am Abend des 24. Dezembers jeden Jahres.«

André Gide*

»Viele Leute glauben, daß es unschicklich ist, den Weihnachtsmann zu lieben. Pah! Wahre Liebe kennt keine Konvention. Ich glaube, ich liebe ihn, nein, in Wahrheit bin ich verrückt nach ihm, ich will von ihm umarmt und verschlungen werden. Wie Empedokles will ich bebend vor Lust in den Vulkan stürzen. Schreien. Verbrennen. In tausend Atome zerfallen, Monsieur, ich bin von Sinnen, alles ist erlaubt, ich sehne mich nach einer liaison dangereuse, nach einer affaire totalement fatale, nach der gesammelten Lust ganzer Zeitalter, nach dem Untergang, dem Wahnsinn und dem Tod.«

»Gefühle sind hinderlich für den Erfolg. Ich darf mich in den Irrgärten der Liebe nicht verlieren. Der Weihnachtsmann bringt mich in Widersprüche und Täuschungen. Am liebsten möchte ich tief in sein Herz eindringen, aber was würde ich letztlich finden? Nichts, nehme ich an.

Mein Kopf ist ein Bienenhaus; meine Gedanken brummen von Blüte zu Blüte und sammeln Honig; nachts ist meine Ungeduld eingeklemmt zwischen den Waben. Ich zittere ein wenig, aber das kann man von außen nicht sehen, sondern nur von innen spüren.

Mein kochendes Blut will in das pralle Leben hinausschießen. Ist es Liebe, ist es Wahnsinn? Oh Weihnachtsmann, ich zucke in alle Richtungen und sinke vielleicht schon morgen mit starrem Blick in den Tod. Frühlingsbrausen! Seltsames Schicksal! Du kennst mich nicht einmal, und doch springt mich die Liebe an wie ein Mörder. Liebe ist nie passiv, sie will alles. Vielleicht mischen sich meine Begierden in Deine Träume. Aber es darf wohl nicht sein. Etwas Großes verströmt, und die Zeit wird knapp.«

»Ich trat an den Schlitten, aber da biß mich plötzlich eines seiner verdammten Rentiere in die Nase. Der Weihnachtsmann bog sich vor Lachen, zog seine dicken Handschuhe an und verschwand mit einem zischenden Geräusch in der Nacht.«

»Als er mir seinen Rentenbescheid zeigte, war mir klar, daß er bei mir etwas schnorren wollte. 200 Francs, das war zwar in der Tat nicht sehr viel, aber es erschien mir auch nicht zu wenig. Schließlich waren seine Beiträge zur Krankenversicherung entsprechend gering, und mir war bekannt, daß er mit seiner Rentierzucht ein zusätzliches Einkommen erzielte, das er nicht versteuerte.«

Christoph von Gluck*

»Ständige Abwechslungen erzeugen Langeweile. Daher muß die Oper von allen italienischen Caprizen befreit und einzig nach den Gesetzen des dramatischen Aufbaus gestaltet werden. Hier läßt sich auf das Vorteilhafteste vom Weihnachtsmann lernen, denn bei seinem kräftigen Glockenschlag verzichtet er auf alle überflüssigen Töne, und selbst wenn diese vorhanden wären, würden sie von dem monumentalen Klang verschluckt und somit vernichtet.«

Johann Wolfgang von Goethe

»Ein neuer Aufzug vermehret oft das Gedränge. Ein Dutzend Pulcinelle tun sich zusammen, erwählen einen Weihnachtsmann, stülpen ihm eine Mütze über den Kopf, hängen ihm einen roten Mantel um, begleiten ihn mit Musik und führen ihn unter lautem Geschrei auf einem verzierten Wägelchen den Korso herauf. Alle Pulcinelle springen herbei, wie der Zug vorwärtsgeht, vermehren das Gefolge und machen sich mit Geschrei und Schwenken der Hüte Platz.

Alsdann bemerkt man erst, wie jeder diese allgemeine Maske zu vermannigfaltigen sucht. Der eine trägt eine Perücke, der andere eine Weiberhaube zu seinem schwarzen Gesicht, der dritte hat statt der Mütze einen Käfig auf dem Kopfe, in welchem ein paar Vögel, als Abbate und Dame gekleidet, auf den Stängelchen hin- und widerhüpfen ...«

»Freilich dergleichen zu wagen und dennoch die größten sittlichen Wirkungen hervorzubringen, bedurfte es eines Mannes wie des Weihnachtsmanns, dessen Handlungen gar oft als Wunder anzusehen waren. Als Beichtiger machte er sich furchtbar und daher des größten Zutrauens würdig; er entdeckte seinen Beichtkindern Sünden, die sie verschwiegen, Mängel, die sie nicht beachtet hatten. Sein brünstiges, ekstatisches Gebet setzte seine Umgebung als übernatürlich in Erstaunen, in einen Zustand, in welchem die Menschen wohl auch durch ihre Sinne zu erfahren glauben, was ihnen die Einbildungskraft, angeregt durchs Gefühl, vorbilden mochte. Wozu denn noch kommt, daß das Wunderbare, ja das Unmögliche, erzählt und wieder erzählt, endlich vollkommen die Stelle des Wirklichen, des Alltäglichen einnimmt.«

»Durch die wunderbare, aus zwei ungeheuern Pfeilern bestehende Pforte, die oben nicht geschlossen sein darf, damit der turmhohe Wagen der heiligen Rosalia an dem berühmten Feste durchfahren könne, führte man uns in die Stadt und sogleich links in einen großen Gasthof. Der Weihnachtsmann, ein alter behaglicher Mann, von jeher Fremde aller Nationen zu sehen gewohnt, führte uns in ein großes Zimmer, von dessen Balkon wir das Meer und die Reede, den Rosalienberg und das Ufer überschauten, auch unser Schiff erblickten und unsern ersten Standpunkt beurteilen konnten. Über die Lage unseres Zimmers höchst vergnügt, bemerkten wir kaum, daß im Grunde desselben ein erhöhter Alkoven hinter Vorhängen versteckt sei, wo sich das weitläufigste Bett ausbreitete, das, mit einem seidenen Thronhimmel prangend, mit den übrigen veralteten stattlichen Mobilen völlig übereinstimmte. Ein solches Prunkgemach setzte uns gewissermaßen in Verlegenheit, wir verlangten herkömmlicherweise Bedingungen abzuschließen. Der Alte sagte dagegen, es bedürfe keiner Bedingung; er wünsche, daß es uns bei ihm wohlgefalle; wir sollten uns auch des Vorsaals bedienen, welcher kühl und luftig, durch mehrere Balkone lustig an unser Zimmer stieß.«

»Auf die Höhe gelangt, blieb der eine bei den Mänteln und Viktualien, der jüngere folgte mir, und wir gingen mutig auf einen ungeheuren Dampf los, der unterhalb des Kegelschlundes aus dem Berge brach; sodann schritten wir an dessen Seite her gelind hinabwärts, bis wir endlich unter klarem Himmel aus dem wilden Dampfgewölke die Lava hervorquellen sahen.

Man habe auch tausendmal von einem Gegenstande gehört, das Eigentümliche desselben spricht nur zu uns aus dem unmittelbaren Anschauen. Die Lava war schmal, vielleicht nicht breiter als zehn Fuß; allein die Art, wie sie eine sanfte, ziemlich ebene Fläche hinabfloß, war auffallend genug.

Denn indem sie während des Fortfließens an den Seiten und an der Oberfläche verkühlt, so bildet sich ein Kanal, der sich immer erhöht, weil das geschmolzene Material auch unterhalb des Feuerstroms erstarrt, welcher die auf der Oberfläche schwimmenden Schlacken rechts und links gleichförmig hinunterwirft, wodurch sich denn nach und nach ein Damm erhöht, auf welchem der Glutstrom ruhig fortfließt wie ein Mühlbach. Wir gingen neben dem ansehnlich erhöhten Damme her, die Schlacken rollten regelmäßig an den Seiten herunter bis zu unsern

Füßen. Durch einige Lücken des Kanals konnten wir den Glutstrom von unten sehen und, wie er weiter hinabfloß, ihn von oben beobachten.

Durch die hellste Sonne erschien die Glut verdüstert, nur ein mäßiger Rauch stieg in die reine Luft. Ich hatte Verlangen, mich dem Punkte zu nähern, wo sie aus dem Berge bricht; dort sollte sie, wie mein Führer versicherte, sogleich Gewölb' und Dach über sich her bilden, auf welchem er öfters gestanden habe. Auch dieses zu sehen und zu erfahren, stiegen wir den Berg wieder hinauf, um jenem Punkte von hinten her beizukommen. Glücklicherweise fanden wir die Stelle durch einen lebhaften Windzug entblößt, freilich nicht ganz, denn ringsum qualmte der Dampf aus tausend Ritzen; und nun standen wir wirklich auf der breiartig gewundenen erstarrten Decke, die sich aber so weit vorwärts erstreckte, daß wir die Lava nicht konnten herausquellen sehen.

Wir versuchten noch ein paar Dutzend Schritte, aber der Boden ward immer glühender; sonneverfinsternd und erstickend wirbelte ein unüberwindlicher Qualm. Der vorausgegangene Weihnachtsmann kehrte bald um, ergriff mich, und wir entwanden uns diesem Höllensprudel.«

»Wenn man in Rom gern studieren mag, so will man hier nur leben; man vergißt sich und die Welt, und für mich ist es eine wunderliche Empfindung, nur mit genießenden Menschen umzugehen. Der Weihnachtsmann hat nun den Gipfel aller Natur- und Kunstfreude in einem schönen Mädchen von etwa zwanzig Jahren gefunden. Sie ist reizend und wohlgebaut. Er hat ihr ein griechisches Gewand machen lassen, das sie trefflich kleidet; dazu löst sie ihre Haare auf, nimmt ein paar Schals und macht eine Abwechslung von Stellungen, Gebärden, Mienen etc., daß man zuletzt wirklich meint, man träume. Man schaut, was so viele tausend Künstler gerne geleistet hätten, hier ganz fertig, in Bewegung und überraschender Abwechslung.

Stehend, kniend, sitzend, liegend, ernst, traurig, neckisch, ausschweifend, bußfertig, lockend, drohend, ängstlich etc. Eins folgt aufs andere und aus dem andern. Sie weiß zu jedem Ausdruck die Falten des Schleiers zu wählen, zu wechseln und macht sich hundert Arten von Kopfputz mit denselben Tüchern. Der Weihnachtsmann hält das Licht dazu und hat mit ganzer Seele sich diesem Gegenstand ergeben. Er findet in ihr alle Antiken, alle schönen Profile der sizilianischen Münzen, ja den Belvederschen Apoll selbst. Soviel ist gewiß, der Spaß ist einzig! Wir haben ihn schon zwei Abende genossen. Heute früh malt sie Tischbein.«

Vincent van Gogh

»Heutzutage findet man oft sehr schwer Befriedigung in seinem Bedürfnis, einmal mit Menschen zu sprechen, die Rat zu erteilen wissen und von denen man lernt und Aufklärung bekommt, ohne daß sie den Schulmeister herauskehren, und die einem nicht nur ein paar große hohle Worte auftischen, die im Grunde entweder Totschläger oder Gemeinplätze sind. – Dafür ist der Weihnachtsmann einer, von dem man viel lernen kann.«

»Wer sich den Glauben an den Weihnachtsmann bewahrt hat, hört zuweilen einen leisen Anruf des Gewissens, dem man dann vielleicht guttut, mit der Naivität eines Kindes zu folgen, ohne daß man mit der Welt mehr darüber spricht, als unbedingt nötig ist.«

»Dieser Gott der Pfaffen – für mich ist er mausetot. Aber bin ich darum Atheist? Die Pfarrer halten mich dafür … Aber ich liebe, und wie würde ich Liebe fühlen können, wenn ich selbst nicht lebte und andere nicht lebten, und wenn wir leben, so ist etwas Wunderbares darin. Nenne das nun Weihnachtsmann oder was Du willst, aber es gibt ein gewisses Etwas, das ich nicht definieren kann und das mir, obwohl es außerordentlich lebendig und wirklich ist, als übernatürliches Wesen erscheint, und das ist für mich mein Weihnachtsmann.«

»Wenn ich irgend etwas bereue, dann dies, daß ich früher eine Zeit gehabt habe, in der ich mich durch mystische und theologische Tiefsinnigkeiten habe verleiten lassen, mich zu viel in mich selbst zurückzuziehen. Allmählich bin ich davon abgekommen. Wenn man morgens aufwacht und nicht alleine ist und bei sich dann in der Dämmerung den Weihnachtsmann sieht, so macht das die Welt um sehr vieles angenehmer als Erbauungsbücher und weißgetünchte Kirchenmauern, in welche die Pfarrer verliebt sind.«

»Ich bin kein Freund des gegenwärtigen Christentums, war auch der Stifter sublim – dem heutigen Christentum jedenfalls habe ich zu gut in die Karten gesehen. Es hat mich in meiner Jugend selbst fasziniert, dies Eiskalte, aber seitdem räche ich mich – wodurch? Dadurch, daß ich den Weihnachtsmann anbete, oder auch dadurch, daß ich eine Hure respektiere etc. und viele sogenannte ehrwürdige, fromme Damen *nicht*.«

»Ich glaube immer mehr, daß die Menschen der wahre Boden für alles sind, obwohl das immer nur ein wehmütiges Gefühl bleibt, wenn man selber nicht im eigentlichen Leben drinsteckt und nur so aus der Ferne erkennt, daß es besser wäre, in Fleisch zu arbeiten als in Gips oder Farben, besser, Kinder zu zeugen, als Bilder zu malen oder Geschäfte zu machen. Aber man fühlt immerhin sein Leben, vor allem, wenn man daran denkt, daß man Freunde wie den Weihnachtsmann hat, auch wenn diese nicht im eigentlichen Leben stehen.«

Nikolai W. Gogol*

»Wir wußten, daß der Revisor aus St. Petersburg kommen würde, und wir wußten auch, daß er meistens inkognito und oft sogar in Verkleidungen auftritt. Wir waren auf jeden Täuschungsversuch gefaßt. Am Heiligen Abend fuhr ein Schlitten am Gasthaus vor. Ihm entstieg eine stattliche Gestalt im Gewande des Weihnachtsmanns. War er es tatsächlich? Oder war er der Revisor? Oder ein Schwindler? Solange wir uns nicht ganz sicher waren, mußten wir uns mit größter Vorsicht verhalten. Die Angelegenheit wurde allerdings noch schwieriger, als ein zweiter Weihnachtsmann am Gasthof vorfuhr.«

Maxim Gorki*

»Er zeigte mir, wie man eine Nadel im Heuhaufen findet. Er wühlte sich wie ein Spürhund hinein, schnaufend und schnüffelnd. In weniger als einer viertel Stunde hatte er die Nadel gefunden; wie er sagte, am Geruch. Danach habe ich dasselbe mehrmals versucht, aber es ist mir nicht gelungen. Er scheint mit übernatürlichen Kräften begabt zu sein. Entweder ist er wirklich ein heiliger Mann, oder er ist der Teufel, denn nur diese können ein derartiges Wunder vollbringen.«

Hans Jacob Christoph von Grimmelshausen

»Der Weihnachtsknän hatte einen eigenen Palast so wohl als ein anderer … Er war mit Laimen gemalet und anstatt des unfruchtbaren Schiefers, kalten Bleies und roten Kupfers mit Stroh gedeckt, darauf das edel Getreid wächst. Und damit er mit seinem Adel und Reichtum recht prangen möchte, ließ er die Mauer um sein Schloß nicht mit Mauersteinen, die man am Weg findet oder an unfruchtbaren Orten aus der Erde gräbet, viel weniger mit liederlichen gebackenen Steinen, die in geringer Zeit verfertigt oder gebrannt werden können, wie andre große Herrn zu tun pflegen, aufführen; sondern er nahm Eichenholz dazu … Seine Zimmer, Säl und Gemächer hatte er inwendig vom Rauch erschwarzen lassen, nur darum, dieweil dies die beständigste Farbe von der Welt ist. Die Tapeziererei waren das zarteste Geweb auf dem ganzen Erdboden. Seine Fenster waren dem Sant Nitglas gewidmet. Anstatt der Pagen, Lakaien und Stallknechte hatte er güldene Hirsch …«

Otto von Guericke*

»Schon als junger Bursche war ich beim Anblicke unserer Magd auf die Physik von zwei hälftigen Kugeln aufmerksam geworden, aber erst als ich dem pausbäckigen Weihnachtsmann begegnete, hatte ich den Einfall, zwei kräftige Kugeln ohne Schrauben oder Leim, sondern durch den puren Unterdruck zusammenzufügen, daß selbst Rösser sie nicht auseinanderbrächten.«

Johannes Gutenberg*

»Der Weihnachtsmann erfreute mich in diesem Jahr mit einem besonderen Geschenk. Zunächst lag es unscheinbar in meiner Hand, aber da ich es hin und her wendete, erkannte ich sogleich einen kleinen Stempel aus hartem Holz, und fein eingeschnitten fand ich darauf nur einen einzigen Buchstaben. Ich war im höchsten Maße beglückt, aber auch peinlich berührt, daß mir der Gedanke nicht selber gekommen war, Druckstöcke mit austauschbaren Buchstaben zusammenzusetzen. So schien es mir durchaus möglich, die gesamte Heilige Schrift auf Papier zu drucken und sie also allen Christenmenschen in die Hand zu geben. Die Schöpfung ist noch lange nicht abgeschlossen. Ich wurde ausgewählt, um sie zu vollenden.«

Georg Friedrich Händel*

»Man muß es mit Bedauern constatieren, daß der Weihnachtsmann – soweit Belege über seine Gaben vorhanden sind – kein bares Geld verschenkt. Niemand mag das mehr bedauern als ich, denn ich würde es mit Freuden annehmen. Nur Dilettanten verachten das Geld.«

Frans Hals*

»Es war wie ein innerer Zwang oder ein Dämon, der mich dazu brachte, dem Weihnachtsmann, als er auf meinem Bette schlief, die Nase mit kräftigem Purpur anzumalen. Sogleich tat es mir leid. Aber was einmal geschehen ist, läßt sich nicht wieder rückgängig machen.«

Friedrich von Hardenberg (Novalis)

»Lieber Weihnachtsmann,
wie erquickt haben Ihre friedlichen Worte den Lebensmüden! Ich bin es seither recht gewesen! Und nur heute abend, während ich den Brief an Carolinchen endete, hat mich zum erstenmal wieder ein Reiz höherer Art erwärmt. Gewiß hab' ich zu sehr an diesem Leben gehangen – und da ist freilich wohl ein gewaltsames Korrektiv nötig gewesen. Für Sophien kann ich nicht klagen – Gott hat gewiß recht väterlich an ihr gehandelt; und hat er da

nicht nach meinem oftmaligen Gebet gehandelt? Jetzt weiß es Sophie, daß der Wunsch nach ihrem Besitz der zweite in meinem Gebet für sie war; denn ihre Vervollkommnung, sie selbst, lag mir am meisten am Herzen.

Wenn ich klage, so ist es mein Schicksal, das mich verwirrt. Sollte es aber das wohl? – Eine plötzliche Umänderung tut sehr weh. – Es ist gewiß, ich muß meine ganze vorige Existenz vergessen! Die Erde hatte ich so lieb! Ich freute mich zu herzlich auf die lieben Szenen, die mir bevorstanden. – Das ist nun freilich schwer zu verwinden. Aber sollte der Beruf zur unsichtbaren Welt, diese liebevolle Annäherung zu Gott und dem Erhabensten, was die Menscheit hat, sollte mich die nicht entschädigen können? ...«

»Ich ritt heute früh sehr heiter von hier weg. Lützen-Sömmern hatt' ich bald erreicht ... Noch vor 1/4 auf 10 Uhr ritt ich durchs Wasser und war mit Leib und Seele in Grüningen. Mein Leib traf vielmehr meine Seele schon dort ... Ich frug nach jemand, der einen Brief aufs Schloß trüge. Eine junge Frau fand sich – den Leuten schien ich verdächtig. Sie lachten für sich und erzählten mir: Der Weihnachtsmann sei nicht zu Haus. Ich trug der Überbringerin auf zu sagen: Der Brief sei von Tennstedt und der Bote sei sogleich wieder zurückgekehrt – tausend Komplimente und Empfehlungen noch. Sie ging darauf fort, und ein anderes junges Weib sagte zu mir: Es sollte wohl ein Geheimnis sein, und mochte mich halb und halb für den halten, der ich wirklich war.«

»... Früh weint' ich sehr. Nach Tisch wieder. Den ganzen Tag war ich ihrem Andenken heilig. Den 2. Mai schenkten mir die guten Eltern die Tasse, den Beutel und das Flakon, was Söphchen ihren letzten Geburtstag erhielt. Ich war sehr gerührt, dann ging ich zu ihrem Grabe und steckte die Blumen darauf, die ich Tags vorher von der guten Kreisamtmännin erhalten hatte... Recht windstill einmal in mir. Oft an Sophie und den Weihnachtsmann gedacht. Abends in Youngs Nachtgedanken geblättert. Im Ganzen bin ich heute viel besser mit mir zufrieden als gestern.«

»... Spät recht lebhaft das Bild des Weihnachtsmanns vor mir gehabt, en profil, neben mir auf dem Kanapee, im roten Rock, in charakteristischen Situationen und Kleidern fällt er mir am leichtesten ein. Abends überhaupt recht innig an ihn gedacht. Ich habe Ursach heute, mit allem zufrieden zu sein. Gott hat mich bisher liebevoll geführt – er wird's gewiß auch ferner tun.«

»Den letzten Tag in Grüningen ging ich nachmittags bei schönem heiterem Wetter spazieren und begegnete dem Weihnachtsmann, mit dem ich bis Topfstedt ging. Abends wanderte ich ins stille Land. Da bin ich noch einmal, ohnerachtet es sich im Anfang nicht so anließ, recht gerührt, recht innig bei Söphchen gewesen.«

Wilhelm Hauff

»Seine Augen waren klein wie die der Schweine, seine Nase war ungeheuer, und hing über Mund und Kinn herunter, der Hals schien gänzlich weggenommen worden zu sein; denn sein Kopf stak tief in den Schultern, und nur mit den größten Schmerzen konnte er ihn rechts und links bewegen ... der Rücken und die Brust waren weit ausgebogen und waren anzusehen wie ein kleiner, aber sehr dick gefüllter Sack; dieser dicke Oberleib saß auf kleinen, schwachen Beinchen, die dieser Last nicht gewachsen schienen, aber um so größer waren die Arme, die ihm am Leib herabhingen, sie hatten die Größe wie die eines wohlgewachsenen Mannes, seine Hände waren grob und braungelb, seine Finger lang und spinnenartig, und wenn er sie recht ausstreckte, konnte er damit auf den Boden reichen, ohne daß er sich bückte.«

Joseph Haydn*

»Es ist die Zeit für ein offenes Wort. Mit Verlaub sei gesagt, daß der Weihnachtsmann ein rechter Stümper und Scharlatan ist. Ja, das ist er. Wir gehen noch weiter: Er ist ein alter Narr, wie ihn die Welt bisher nicht sah.«

Johann Peter Hebel

»Der Wirt an der Poststation hatte vom Weihnachtsmann stets so schlechte Trinkgelder erhalten, daß er sich vornahm, diesen Herrn freigebiger zu machen. Als er im folgenden Jahr wieder mit seinem Schlitten daherkam, schirrte der Wirt für die Nacht die Hirsche ab und tauschte sie am nächsten Morgen mit Ziegen. Der kurzsichtige Weihnachtsmann bemerkte es nicht und wollte nach seiner Gewohnheit in den Himmel aufsteigen. Aber auf den leichten Schlag der Zügel wurden die Ziegen erschreckt und sprangen mit vollem Geschirr auf den Schlitten.«

Georg Wilhelm Friedrich Hegel

»Der Weihnachtsmann ist keine Sache der philosophischen Reflexion, sondern ein wesentliches Strukturmoment der Wirklichkeit.«

»Es ist eine Tragödie, welche der Weihnachtsmann mit sich selbst spielt: Daß er sich alle Jahre wieder in die Objektivität versetzt, in dieser seiner Gestalt hiermit sich dem Leiden und dem Tode übergibt, um sich aus seiner eigenen Asche nach zwölf Monden wieder in alter Herrlichkeit zu erheben.«

»Der Weihnachtsmann ist Geist, und als solcher vergegenständlicht er sich in der Welt.«

Martin Heidegger*

»Dem Weihnachtsmann geht die ihm eigene Vergangenheit vorweg und hält ihn an, in das ihm zugehörige Seinsverständnis hineinzuwachsen. Nur dieses erschließt die Möglichkeit seines Seins und entfaltet es in der Durchschnittlichkeit dessen, was es gelten läßt und was es versagt, und es vermindert jede sich vordrängende Annahme auf jenes Maß, das seiner Existenz in Raum und Zeit als Seienden und das, was wesentlich zu ihm gehört, verkürzt.«

»Heute habe ich heimlich BBC gehört. Als der Weihnachtsmann am Fenster vorbeifuhr, erklang gerade das Lied ›I feel like dancing‹. Die Grenzen zwischen Leidenschaft und Lächerlichkeit sind fließend.«

Heinrich Heine*

»Ich muß mich wahrhaftig übergeben, wenn ich an den Weihnachtsmann denke. Er verkörpert alles, was ich an Deutschland verachte und hasse. Das Feiste, das Geile, das Bigotte, das Gönnerhafte.«

Heinrich der Löwe*

»Ist sein Besuch wichtig genug, daß ich ein Bad nehme? Vermutlich nicht.«

H.L.F. von Helmholtz*

»Er suchte mich auf und klagte über ein Rauschen in seinen Ohren. Ich leuchtete in sie hinein. Sie waren staubig und inwändig stark behaart, aber ohne organischen Defekt. Wie ich es von Simulanten gewohnt war, hatte er eine andere Diagnose erwartet und bezweifelte meine ärztliche Kompetenz. Er bildete sich ein, weltberühmt zu sein und von daher eine besondere Aufmerksamkeit für seine Marotten zu verdienen.«

Ernest Hemingway*

»In seiner erregten Tuntenhaftigkeit erinnerte er mich an meine exaltierte Großmutter. Von hysterischen Frauen habe ich seit frühester Jugend die Schnauze voll. Wie habe ich das bloß die ganze Zeit ausgehalten!«

Peter Henlein*

»Vom Weihnachtsmann bekam ich an jenem Thage ein silbernes Ei. Neugierig wendete ich es wohl rechts und links, und so gewahrte ich eine Kerbe, wie es sich öffnen liesze. Und an der selben Stelle öffnete ich es. Und gewahrte eine Uhr gleich einer Turmuhr, aber klein als ein Hühnerei. Und dahinter ein feines Räderwerk. In dieser Stunde faßte ich den festen Vorsatz, dieses mechanische Wunder getreu zu kopieren, damit Jedermann ein solches Ei zu seinem Nutzen und Vergnügen haben möchte.«

Johann Gottfried Herder

»Wenn bei einem Mann mir jenes ungeheure Bild einfällt: ›Hoch auf dem Gipfel sitzend! zu seinen Füßen Sturm, Ungewitter und Brausen des Meers; aber sein Haupt in den Strahlen des Himmels!‹, so ist's beim alldeutschen Weihnachtsmann.«

Georg Herwegh

»Mann der Weihnacht, aufgewacht
Und erkenne deine Macht!
Alle Räder stehen still,
Wenn dein starker Arm es will ...
Brich das Doppeljoch entzwei!
Brich die Not der Sklaverei!
Brich die Sklaverei der Not!
Brot ist Freiheit, Freiheit Brot!«

Hermann Hesse*

»Ich träume vom einfachen Leben in der Natur. Wie armselig ist doch die Umwelt, die der Mensch für sich selber geschaffen hat! Als er aus dem Paradies auszog, vergaß er dort seine Seele, und nur dort kann er sie auch wiederfinden. Aber er kann sie nicht mitnehmen in seine stinkenden und häßlichen Städte, in seine dunklen Wohnungen, in seine lauten Manufakturen, in seine kalten Kirchen, in seine schrecklichen Spitäler und in seine muffigen Gräber. Nur der Weihnachtsmann vermag es, für kurze Momente das verlorene Paradies in unsere Welt hineinzuzaubern.«

»Was ist jetzt das, um Himmels willen?! Die Erde bebt, das Haus wird durchgeschüttelt, Fenster fallen klirrend aus der Wand, die Lampe schaukelt an der Decke wie ein Weihrauchfaß, unter der Stadt entlädt sich die gesammelte Gewalt von Jahrmillionen, mächtig, grollend, unermeßlich in ihrer Kraft. Gaia, unsere Mutter, ist liebevoll in ihrer Fruchtbarkeit und grausam in ihrem Zorn. Wie klein und verletzlich ist doch alles, was wir tun! Krachend und splitternd fällt der Dachstuhl auf den Hof, schräg verkantet dreht er sich um die hintere Fassade und reißt sie mit. Plötzlich ist alles vorbei. Nur die Bretter und Balken knacken und knistern noch etwas. Betäubt stehen wir in einer riesigen Staubwolke auf der Straße. Wir sind vor Entsetzen gelähmt, aber niemand wurde verletzt. Da zwängt sich der Weihnachtsmann aus den Trümmern heraus und klopft seine Jacke ab, als wäre nichts geschehen.«

»Die letzten Sonnenstrahlen tasten über die Gipfel, und ganz hinten, am Ende des Himmels, verlieren sich ganz feine und zarte Spiegelungen in den blauen Klängen des Abends. Das Gespann des Weihnachtsmanns fliegt wie ein Komet an der Venus vorbei. Die Schönheit ist überall dort, wo man sie findet.«

»Der direkte Kontakt mit ganz elementaren Dingen ist zugleich eine Begegnung mit verschütteten Instinkten und Gefühlen, die wir seit den Anfängen der menschlichen Geschichte unbewußt in uns tragen. Steine, Sand, Erde, Bäume, Sträucher, Gräser, Feuer, Flüsse, wilde Tiere – alles in seinem natürlichen Milieu, und ich mitten drin! Ich spüre, daß dies auch *mein* natürliches Milieu ist, und ich komme mir vor wie ein Goldfisch, den man aus seinem engen Aquarium geholt und in einen See ausgesetzt hat; obwohl er noch nie in der freien Natur war, weiß er doch sofort, daß er hierher gehört. Innerhalb einer Sekunde verwandelt sich ein Dekorationsstück in einen richtigen Fisch, und ebenso verwandelt sich der dicke alte Mann an Weihnachten in eine heilige, kosmische Gestalt.«

Ferdinand Hodler*

»In meiner Phantasie habe ich die Zukunft bereits durchlebt. So weiß ich, daß der Weihnachtsmann uralt und gebrechlich wird, aber nicht stirbt.«

Friedrich Hölderlin

»Es war ein stiller Herbsttag. Wunderbar erfreute mich die sanfte Luft, wie sie die welken Blätter schonte, daß sie noch eine Weile am mütterlichen Stamme blieben.

Ein Kreis von Platanen, wo man über das felsige Gestade weg ins Meer hinaussah, war mir immer heilig gewesen.

Dort saß ich und gieng umher.

Es war schon Abend geworden, und kein Laut regte sich ringsumher.

Da ward ich, was ich jetzt bin. Aus dem Innern des Hains schien mich plötzlich der Weihnachtsmann zu mahnen, aus den Tiefen der Erde und des Meers mir zuzurufen, warum liebst du nicht mich?

Von nun an konnt' ich nichts mehr denken, was ich zuvor dachte, die Welt war mir heiliger geworden und geheimnisvoller. Neue Gedanken, die mein Innerstes erschütterten, flammten mir durch die Seele. Es war mir unmöglich, sie festzuhalten, ruhig fortzusinnen.«

»... so kann ich es doch nicht über mich gewinnen, mich aus Furcht des Tadels von dem Manne zu entfernen, dessen einzigen Geist ich so tief fühle, und dessen Macht mir längst vieleicht den Muth genommen hätte, wenn es nicht eben so große Lust wäre, als es Schmerz ist, ihn zu kennen ... Deßwegen darf ich Ihnen wohl gestehen, daß ich zuweilen in geheimem Kampfe mit ihm bin, um meine Freiheit gegen ihn zu retten, und daß die Furcht, von ihm durch und durch beherrscht zu werden, mich schon oft verhindert hat, ihm mit Heiterkeit mich zu nähern. Aber nie kann ich mich ganz aus seiner Sphäre entfernen; ich würde mir solch einen Abfall schwerlich vergeben.«

»Das Schicksal treibt uns vorwärts und im Kreise herum, und wir haben so wenig Zeit, beim Weihnachtsmann zu verweilen, mit dem die Engel davongegangen sind.«

»Ich will also nur so bei Gelegenheit gestehen, daß Bilfingers Caffee, und mein Zuker, verbraucht sind, und daß ich mich inzwischen manchmal nach einem Frühstük gesehnt habe – bei dem frühen Aufstehen – und dem beständigen starken Angreiffen des Kopfs – und neulich zwang ich mich wieder mit einem schröklich leeren Magen zur Suppe, die der hungrigste Taglöhner ungern essen würde – und da wurde mir so weh, daß ich beinahe vor Aerger die Schüssel an die Wand geworfen hätte. Ein gutes, gutes Werk wärs also für den Weihnachtsmann, wenn er mir etwas Caffee schiken möchte.«

»Verkennen Sie mich nicht, wenn ich über die geheimnisvolle Entrückung des Weihnachtsmanns mehr die notwendige Fassung, als das Laid ausdrüke, das die Liebe in unsern Herzen fühlt. Ich finde, daß man ohne vesten Sinn nicht wohl auskommt ... die zärtlichen guten Worte, die, wie Sie wissen, mir zu leicht vom Munde gehen, ich muß sie sparen für jezt, ich darf nicht Sie und mich noch mehr dadurch bewegen. Das neue reine Leben, das, wie ich glaube, die Geistwesen leben, und das der Lohn ist auch für die, die ihr Leben lebten in heiliger Einfalt, diesen Frieden des Himmels, der nun ihr Anteil ist, nach dem so lange ihre Seele sich sehnte, diese Ruhe und Freude nach dem Leiden, wird auch Euer Lohn seyn, theure Mutter ... Indessen geleite uns sein treuer gewisser Geist, und der Hohe im Himmel gebe, daß wir nicht lässig seyen, und was wir thun mit Maas thun, und das Schikliche treffen in dem, was unsere Sache ist!«

»O Regen vom Himmel! O Begeisterung! Du wirst den Weihnachtsmann uns wiederbringen. Dich kann der Staat nicht hergebieten. Aber er störe Dich nicht, so wirst Du kommen, kommen wirst Du, mit Deinen allmächtigen Wonnen, in goldne Wolken wirst Du uns hüllen und empor uns tragen über die Sterblichkeit, und wir werden staunen und fragen, ob wir es noch seyen, wir, die Dürftigen, die wir die Sterne fragten, ob dort uns ein Frühling blühe.«

E.T.A. Hoffmann

»Finden Sie es geraten und tunlichst, meinen Namen dem Weihnachtsmann zu nennen oder überhaupt von mir zu reden, so sagen Sie ihm in einem Augenblick des heitern Sonnenscheins, daß sein Andenken in mir lebt – darf man das nämlich nur Andenken nennen, wovon das Innere erfüllt ist, was im geheimnisvollen Regen des höheren Geistes uns die schönen Träume bringt von dem Entzücken, dem Glück, das keine Ärme von Fleisch und Bein zu erfassen, festzuhalten vermögen – Sagen Sie ihm, daß das Engelsbild aller Herzensgüte, aller Himmelsanmut wahrhaft kindlicher Tugend, das mir aufstrahlte, in jener Unglückszeit acherontischer Finsternis, mich nicht verlassen kann beim letzten Hauch des Lebens, ja, daß dann erst die entfesselte Psyche jenes Wesen, das meine Sehnsucht war, meine Hoffnung und mein Trost, recht erschauen wird, im wahrhaftigen Sein!«

»Verehrter, darf ich noch sagen: ›*lieber*‹?, Weihnachtsmann!

Auf eine mir selbst unbegreifliche Weise bin ich gestern berauscht worden – nein – in einen völlig wahnsinnigen Zustand geraten, so daß die letzte halbe Stunde in P. wie ein böser schwerer Traum hinter mir liegt. – Nur der Gedanke, daß man Wahnsinnige in ihren wütendsten Ausbrüchen nur bemitleiden, ihnen das Böse, was sie in diesem Zustande tun, aber nicht zurechnen kann, läßt mich hoffen, daß Sie mir alles wahrhaft Impertinente, was ich geradebrecht habe (denn reden konnte ich nicht sonderlich) nach Ihrer mir so oft bewiesenen Güte mit Bonhommie verzeihen werden! – Sie haben gewiß keinen Begriff von dem tiefen innigen Schmerz, den ich über meine gestrige Tollheit empfinde – Ich büße dafür dadurch, daß ich mich des Vergnügens, Sie wiederzusehen, so lange beraube, bis ich Ihrer gütigen Verzeihung gewiß bin!«

»Alle Nerven excitiert von dem gewürzten Wein – Anwandlung von Todes-Ahndungen – Ich bin der Weihnachtsmann – ja, endlich ist es gewiß.«

»3. Februar 1811

Höchst ärgerliche Stimmung – bis zum Exzeß romant. und kapriziös. Der Weihnachtsmann! De profundis clamamus – Abends in der ›Rose‹ gepunscht –

5. Februar

Der Weihnachtsmann: anziehender que jamais et moi – amoureux comme quatre vingt diables – exaltiert – zu Kunz eingeladenermaßen in der Nacht potrawke – sehr gut gestimmt. – Das Sextett geendigt.

16. Februar

N.M.i.d. ›Rose‹ – Abends den Julianen-Tag feierlichst begangen beim Weihnachtsmann – exaltierte Stimmung – diese romantische Stimmung greift immer mehr um sich, und ich fürchte, es wird Unheil davon entstehen.

22. Februar

Unvernunft und Leidenschaft – quod deus bene vertat

24. Februar
Weihnachtsmann etwas nachgelassen
25. Februar
Weihnachtsmann! Weihnachtsmann! Weihnachtsmann! Exaltiert bis zum Wahnsinn
18. März
Enthusiasmo mit dem Weihnachtsmann beinahe den höchsten Gr. erreicht. Abends Pipicampu und geistiger Ehebruch.
4. Januar 1812
Duett mit dem Weihnachtsmann gesungen – Nachher ›Rose‹.«

Hokusai*

»Der Tag berührt die Nacht. Schüchtern liegt der Schnee zwischen den Halmen. Das Rad der ewigen Wiedergeburt trägt uns durch die Zeit, doch wir verbringen unser Leben wie im Teehaus. Rot kommt der alte Mann daher.«

Hans Holbein, der Jüngere*

»Da ich nach dem genauesten Erfassen der Form und der größten zeichnerischen Klarheit trachte, sah ich mich nicht in die Lage versetzt, ein getreues Abbild des Weihnachtsmanns anzufertigen, denn so oft ich ihn sah, war er in Bewegung und hielt nicht still. Er wirkte gutmütig, hatte aber auch einen listigen Ausdruck in den Augen.«

Homer

»Wer ist er, dem von der Zunge die Rede noch süßer als Honig dahinfließt? Wer und woher ist er, wo hat er Heimat und Eltern? Wer ist er, der edler als andere ist und immer der Erste im Fleiß? Wer ist er, der geringe, doch willkommene Gaben verteilt?«

Robin Hood*

»Ich bot ihm hundert Silberstücke als Wette an, falls er besser mit dem Bogen schießen könnte als ich. Aber ich wußte, daß er diese Wette nicht annehmen würde. Er bot mir eine andere Wette an: Den Schlitten durch den Wald zu steuern, ohne an einen Baum zu schlagen. Ich schirrte seine Tiere ab und ließ den Schlitten von meinen Männern bis auf das freie Feld ziehen. Er erwies sich als schlechter Verlierer und hinterließ mir nur ein kleines Bündel getrockneter Minze.«

Horaz*

»Der reiche Mäcen und der große Augustus sind meine Gönner in der Welt des Geldes und der Macht, aber in der Welt des Geistes ist mein größter Gönner ein alter Zauberer aus Germanien. Dem gemeinen Volk schenkt er schöne oder nützliche Dinge, aber den Dichtern schenkt er unsterbliche Ideen.«

Victor Hugo*

»Von meinem Lieblingslied hatte ich die Melodie und den Text vergessen, aber plötzlich fuhr er vorbei und sang es mit allen Strophen. Ich meinte, daß ich zu viele Wünsche hätte, und nannte deshalb nur drei. ›Sie werden dir erfüllt‹, sagte er lachend und fuhr davon. Wie gerne würde ich ihm glauben!«

Johan Huizinga*

»Der Winter verändert das Land mehr als ein neuer König. Trotzdem ist das Leben in Amsterdam ohne eine große Vision schwer zu ertragen. Die alten Häuser sind müde; geduldig ertragen sie die neue Zeit. Mein einziger Trost ist der Weihnachtsmann, der weder an den Raum noch an die Zeit gebunden ist und das Göttliche für kurze Momente in unserem kleinen Leben aufscheinen läßt.«

Alexander von Humboldt*

»Auf meinen ausgedehnten Reisen bin ich dem Weihnachtsmann ethliche Male begegnet, zum ersten Mal in der Bucht von Maracaibo. Er sah den Eingeborenen gleich, sprach aber einen fehlerfreien sächsischen Dialekt und gab mir sogleich ein kostbares Geschenk: eine kleine Botanisiertrommel. Wenn der Weihnachtsmann sich *ein-*

mal verkleiden kann, so mutmaßte ich, dann kann er dieses auch mehrmals. Und so erwies es sich in der Tat: Ich begegnete ihm wieder in Guayaquil und beim Aufstieg auf den Chimborazo, einmal in der Gestalt eines Fischers und das andere Mal in der Gestalt eines Alpacas. Ich erhielt von ersterem eine Makrele und von letzterem ein Büschel Gras, das ich sogleich präparierte, noch bevor es welk werden konnte.«

David Hume

»Da ich jetzt Zeit und Muße hatte, meine erhitzte Phantasie abzukühlen, fing ich an, ernstlich über den Weihnachtsmann nachzudenken.«

»Der Weihnachtsmann gehört nicht zu den unentbehrlichen Lebensbedürfnissen.«

»Sehen wir die Bibliotheken durch, wie müßten wir dann aufräumen! Nehmen wir etwa ein theologisches Buch zur Hand, so müßten wir fragen: Enthält es eine kritische Darstellung des Weihnachtsmanns? Nein! Enthält es erfahrungsgemäße Erörterungen über seine Existenz? Nein! So übergebe man es den Flammen, denn es kann nur sophistische Täuschungen enthalten.«

Henrik Ibsen

»Wer seine Liebe für irgendeinen Vorteil verkauft, zerstört sein Leben und schädigt die Gesellschaft. Der Weihnachtsmann ist ein widerlicher, alter Kerl, aber er wird vom Volk geliebt, weil er Geschenke verteilt. Es wundert daher nicht, daß die meisten Menschen Schaden an der Seele erleiden und mit dieser Krankheit die Gesellschaft verpesten.«

Jean Paul

»Ich konnte nie mehr als zwei Wege, glücklich zu werden, auskundschaften. Der erste, der in die Höhe geht, ist, so weit über das Gewölk des Lebens hinauszudrängen, daß man die ganze äußere Welt mit ihren Wolfsgruben, Beinhäusern und Gewitterableitern von weitem unter seinen Füßen nur wie ein eingeschränktes Kindergärtchen liegen sieht. Der zweite ist, auf einen Turm zu steigen, mit geschlossenen Augen hinabzuspringen und sicher in den weichen Kissen zu landen, mit denen der Weihnachtsmann seinen Schlitten gepolstert hat.«

»Ich ging ohne Ziel durch Wälder, durch Täler und über Bäche und durch schlafende Dörfer, um die große Nacht zu genießen wie einen Tag ... Weiße Nachtschmetterlinge zogen, weiße Blüten flatterten, weiße Sterne blinkten, und das lichte Schneegestöber stäubte silbern ... Da fing die Glocke des Weihnachtsmanns an zu klingen, von oben herunter angeweht, und meine unsterbliche Seele war ein Teil dieser Töne ... Ich ging still durch kleine Dörfer hindurch und nahe an ihren äußeren Kirchhöfen vorbei, auf denen morsche, herausgeworfene Sargbretter glimmten, indes die funkelnden Augen, die in ihnen gewesen waren, als graue Asche stäubten. – Kalter Gedanke! Greife nicht wie ein kaltes Gespenst an mein Herz: Ich schaue auf zum Sternenhimmel, und ein goldenes Gespann zieht sich hinauf und hinüber und hinunter, und alles ist Leben und Glut und Licht.«

Edward Jenner*

»Anderntags führte mich mein Weg zum Anwesen von Sir Oliver. Ich brachte ihm ein handschriftliches Billet von Lady C., das er mit freudiger Erwartung entgegennahm. Nach dem Tee begleitete er mich in die Stallungen. Sie schienen mir auf das vortrefflichste gerichtet. Dort gewahrte ich eine junge Weibsperson, die – obgleich im groben Gewande einer Magd – ihre wohlgeformte Anmut dem geübten Blicke des Arztes nicht verbergen konnte.

Sie saß auf dem Melkschemel, und als ich auf sie zutrat, war sie in ihrer Schüchternheit so reizend, daß ich mich eingeladen fühlte, mit ihr eine geziemende Conversation zu beginnen. Im Einklang mit ihrem geringen Stande war sie in dieser nicht geübt, und so beschränkte sie ihre artige Rede auf die Kühe und die Milch. Dieses Sujet ließ meinen Blick mit der gebotenen Flüchtigkeit über ihre hochgebundenen Brüste streifen.

Aber dann erregte sie meine ganz andere Neugier, als sie mir berichtete, daß Melker, welche die Kuhpocken gehabt haben, nicht an den Menschenpocken erkranken. So kam mir die Intuition, Menschen mit Kuhpocken zu infizieren, damit sie immun gegen die Menschenpocken werden. Ich tat dies erst bei mir selber, und als sich der gewünschte Erfolg einstellte, tat ich es auch bei Sir Oliver. Während dieser medizinischen Applikation fuhr der Weihnachtsmann vor. Ihm war durchaus daran gelegen, von mir zu hören, was ich tue, und nachdem ich ihm ausführlich berichtet hatte, bat er mich, ihn mit den Pocken von seinen Hirschen zu impfen.«

Carl Gustav Jung*

»Wir fragen uns, warum sich die Menschen nach Frieden sehnen und dennoch ständig Krieg führen. Dies beruht nicht – wie Sigmund Freud vermutet – auf einer phallisch-aggressiven Überkompensation verdrängter Kastrationsängste, sondern auf der zwanghaften Wirkung unbewußter Archetypen, die zur Verwirklichung drängen. Deren gibt es viele, und sie sind kulturspezifisch chiffriert. Ich analysierte eine Reihe von schweizerischen und deutschen Soldaten. Bei ersteren zeigte sich im Verlaufe der tiefenpsychologischen Traumdeutung Wilhelm Tell und bei letzteren Prinz Eisenherz, zunächst verborgen hinter der Gestalt des Vaters, aber dann ganz deutlich.

Diese Bestätigung meiner Erkenntnisse über die menschliche Psyche machte mir Mut, mit Beharrlichkeit den verborgenen Archetypus eines anderen Patienten aufzudecken. Er kam auf Empfehlung von Hermann Hesse zu mir. Obwohl er sich phantasievoll verstellte, war ich von Anfang an davon überzeugt, daß er der Weihnachtsmann war. Und siehe da: Schon in der dritten Sitzung entpuppte sich sein Archetypus als das Christkind! Ähnlich wie viele zwangsneurotische Patienten, die ihre geheimen Triebkräfte schützen wollen, brach er nach dieser entscheidenden Sitzung die Analyse ab.

Später erfuhr ich von Hermann Hesse, daß der Weihnachtsmann aufgrund von akuten Depressionen Alfred Adler aufgesucht hat, dessen Analyse auf die Aufdeckung von Überforderungsängsten abzielte. Ohne Erfolg, und das wundert mich nicht, weil der Archetypus des Christkinds einen Leistungsanspruch vorgibt, den der Weihnachtsmann auch bei größter Anstrengung nicht erfüllen kann.«

Franz Kafka

»... Da es so ist: Ein schöner Engel, weiß und rot, hereinfliegt, zwischen den Vorhängen, welche die stolzen Livrierten vor ihr öffnen; der Weihnachtsmann ... vorsorglich sie auf den Hirschen hebt ..., sich nicht entschließen kann, das Peitschenzeichen zu geben; schließlich in Selbstüberwindung es knallend gibt; neben dem Tier mit offenem Munde einherläuft; die Sprünge der Reiterin scharfen Blickes verfolgt; mit kurzen Ausrufen zu warnen versucht; die reifenhaltenden Reitknechte wütend zu peinlichster Achtsamkeit ermahnt; vor dem großen Salto mortale das Orchester mit aufgehobenen Händen beschwört, es möchte schweigen; schließlich den Engel vom zitternden Hirschen hebt ...; während der Engel, von ihm gestützt, noch auf den Fußspitzen, vom Staub umweht, mit ausgebreiteten Armen, zurückgelehntem Köpfchen sein Glück teilen will – da dies so ist, legt der Galeriebesucher das Gesicht auf die Brüstung und, im Schlußmarsch wie in einen schweren Traum versinkend, weint er, ohne es zu wissen.«

Wassily Kandinsky*

»Im bayerischen Oberland gibt es Orte der Kraft, wo die Zeit nicht vorbei-, sondern hineinzuströmen scheint und verschiedene Wirklichkeiten wie die Lichtstrahlen durch ein Brennglas gebündelt werden. An manchen dieser Orte steht eine Kirche oder ein Kloster, gelegentlich auch ein einzelner Baum. Wenn man sich der besonderen Stimmung solcher magischer Zentren ganz öffnet, die eigenen

Gedanken wie einen Vogelschwarm wegfliegen läßt und einfach wartet – ohne etwas zu *erwarten* –, dann erlebt man gelegentlich ›Ein-fälle‹ bzw. ›Ein-gebungen‹, die etwas ganz anderes sind als die sozusagen normale Phantasie. Dabei kommt man sich weniger wie ein Erfinder vor, der aus eigener Kraft etwas Neues schafft, sondern eher wie ein Entdecker, der auf eine bislang verborgene Wirklichkeit stößt. So war es mir mehrmals vergönnt, dem Weihnachtsmann zu begegnen, wobei diese Erlebnisse intensiver waren, als wenn er tatsächlich aus Fleisch und Blut vor mir gestanden wäre. Die eigentliche Wirklichkeit liegt im Abstrakten verborgen.«

»Als der Weihnachtsmann gegangen war, fand ich einen Zettel, der ihm offenbar aus der Tasche gefallen war. Es war eine grobe Skizze von München. Ein senkrechter roter Strich teilte die Stadt in zwei Hälften. Links davon stand ›Christkind‹ und rechts davon ›ich‹. Solln und Pullach waren schraffiert, und über der Schraffur war mit energischer Schrift ein Fragezeichen eingetragen.«

»Ich saß neben ihm. Die Tafel war festlich gedeckt, aber er schien sich zu langweilen. Da bemerkte ich, wie er die Tischdecke über seinen Schenkeln ansah und mit den Fingern schnippte. Plötzlich war ein Fischschwarm in der Decke, wie eingestickt, aber er bewegte sich und schwamm um den Tisch herum. Als er wieder beim Weihnachtsmann angekommen war, packte dieser einen Fisch und legte ihn auf seinen Teller.«

Immanuel Kant

»Durch vieljährige Gewohnheit hatte er eine besondere Fertigkeit erlangt, sich in Decken einzuhüllen. Vor der Abfahrt schwang er sich mit Leichtigkeit in den Schlitten hinein, zog einen der Zipfel der Decke über die eine Schulter unter den Rücken und durch eine besondere Geschicklichkeit auch den anderen unter sein Gesäß und dann weiter durch den Schritt bis vor den Unterleib. So embailliert und gleichsam wie in einem Kokon eingesponnen wippte er zum Aufbruch ein wenig mit den Zügeln, peinlich darauf bedacht, daß ihm kein kalter Luftzug in die Ärmel wehe.«

»Als ich dem kranken Weihnachtsmann meinen geistigen Zuspruch angedeihen ließ, war er vom Schnupfen und Husten heimgesucht, welche beide Zufälle ihm desto ungelegener waren, als sie sich bisweilen beim Schlafengehen zutrugen. Gleichsam entrüstet über diese Störung des Nachtschlafs entschloß er sich, mit festgeschlossenen Lippen durchaus die Luft durch die Nase zu ziehen; welches ihm anfangs nur mit einem schwachen Pfeifen, und da er nicht absetzte oder nachließ, immer mit stärkerem, zuletzt mit vollem und freiem Luftzuge gelang, worüber er dann sofort einschlief.

Was den Husten betrifft, so kam er ihm um so mehr ungelegen, da er sich bisweilen bald nach der Erwärmung im Bette einstellte und das Einschlafen verzögerte. Diesen Husten, welcher durch den Reiz der mit offenem Munde eingeatmeten Luft auf den Luftröhrenkopf erregt wurde, nun zu hemmen, bedurfte es einer nicht pharmazeutischen Zugabe, sondern einer unmittelbaren Gemütsoperation: Nämlich die Aufmerksamkeit auf diesen Reiz dadurch abzulenken, daß sie mit Anstrengung auf irgendein Objekt gerichtet und dadurch das Ausstoßen der Luft gehemmt wurde, welches ihm, wie ich es deutlich bemerkte, das Blut ins Gesicht trieb, wobei der durch denselben Reiz erregte flüssige Speichel die Wirkung dieses Reizes, nämlich die Ausstoßung der Luft, verhinderte und ein Herunterschlucken dieser Feuchtigkeit bewirkte – Eine Gemütsoperation, zu der ein recht großer Grad des festen Vorsatzes erforderlich war, der sich aber darum auch desto wohltätiger auswirkte.«

Gottfried Keller*

»Als ich den Weihnachtsmann sah, wurde ich traurig, weil ich sicher war, dieses Gefühl könnte nicht von Dauer sein.«

Johannes Kepler*

»Dies sei gewisz und von der Natur gesetzlich eingerichtet, dasz der Weihnachtsmann um die Erde kreist wie der Mond, und also auch die Erde um die Sonne. Und selbiges sah ich durch mein astronomisches Fernrohr, wie er im Oriente hochfuhr und im Okzidente niederging, und sein Gespann wurde durch die Nacht getragen auf einer hellen Wolke von Sternenstaub.«

Sören Kierkegaard

»Wie geht es bei Dir zu Hause – wie IHM, dessen Namen ich nicht erwähnen will, ungeachtet dessen, daß ich hoffe, Deine Briefe enthalten diese oder jene Auskunft für mich. Verschaffe mir Nachrichten. Aber es muß darüber die tiefste Verschwiegenheit walten. Laß niemanden ahnen, daß ich dies wünsche. Begegne IHM unbemerkt. Dein Fenster hilft dir. Aber begegne IHM nicht auf der Straße, außer falls Du ihm Montag nachmittag um fünf Uhr oder fünf ein halb begegnen könntest, wenn er von Vestervold durch die Vestergade nach Klædeboderne geht, oder am selben Tag um sieben Uhr oder sieben ein halb, wenn er vermutlich durch die Bogengänge geht. Aber vorsichtig ... Er darf nicht ahnen, daß ich mich für ihn interessiere, er könnte es mißverstehen.«

»Heute traf ich IHN in den Bogengängen. Er sagte, er habe sehr viel zu tun – so ging ich gleich wieder. Aber er war auch mir gegenüber sehr kalt. Er ist doch wohl gekränkt wegen des letzten Buches. So habe ich es aufgefaßt. Vielleicht irre ich mich. Aber worin ich mich nicht irre, ist etwas anderes – daß gerade das mir eine Ruhe beschert hat, die ich vorher nicht gehabt habe. Ich habe mich immer dagegen gesträubt, etwas zu schreiben, wovon ich wußte, es würde ihn kränken, ja, ihn fast erbosen. Nun nehme ich an, es ist geschehen. Es ist oftmals vorher geschehen, aber er hat sich nicht kränken lassen. Aber seht, just das, was für einen Augenblick verletzt, das gibt mir gerade Leben und Lust. Ich habe nie das Allergeringste getan, um seinen Beifall und seine Zustimmung zu erlangen; aber ich hätte mich unbeschreiblich gefreut, ihn einig mit mir zu wissen – auch um seiner selbst willen; denn daß ich recht habe, das weiß ich am allerbesten.«

»Da mir seine Virtuosität in der Vornehmheit wohlbekannt ist (erinnerte mich des Auftritts, den ich einmal mit ihm gehabt habe, wie er mit seiner ganzen Vornehmheit, als ich eintrat, sagte: Haben Sie ein Anliegen, worauf ich erwiderte: Nein – ich sehe, Sie haben heute keine Zeit, dann gehe ich lieber. Und als er dann sagte, er habe doch wohl Zeit, blieb ich bei meiner Absicht und trennte mich von ihm in bona caritate u.ä.), begann ich gleich in dieser Weise: ›Heute habe ich gewissermaßen ein Anliegen. Pastor Pauli sagte mir gestern, Sie beabsichtigen, sobald Sie mich sähen, mich wegen meines letzten Buches zu rügen. Ich möchte Sie bitten, es als einen abermaligen Ausdruck der Ehrerbietung zu betrachten, die ich Ihnen immer entgegengebracht habe, daß ich, sowie ich das erfahre, auf der Stelle herkomme.‹

Dies war in meinen Augen ein glücklicher Einfall. Die Situation war vorbereitet; es konnte nicht, was mir in diesem Fall seiner und meiner unwürdig erschien, das geringste von Heftigkeit oder vornehmer Spöttelei aufkommen. Nein, die partes waren festgelegt für ihn in Richtung Ehrwürdigkeit und für mich in Richtung Pietät.

Er entgegnete: ›Nein, ich habe ja kein Recht zu rügen. Es ist, wie ich Ihnen gesagt habe, ich habe gar nichts dagegen, daß jeder Vogel singt, wie ihm der Schnabel gewachsen ist.‹ Darauf fügte er hinzu: ›Man mag über mich auch herzlich gerne sagen, was man will.‹ Dies sagte er mild und lächelnd. Aber das Hinzugefügte ließ mich befürchten, daß doch etwas Spott darin lag, und ich versuchte also gleich, die Situation zu halten. Ich antwortete: Daß es so von mir nicht gemeint sei, daß ich bitten wolle zu sagen, ob es ihn in irgendeiner Weise traurig gemacht habe, daß ich ein solches Buch herausgegeben hätte. Da erwiderte er: ›Ja, ich glaube allerdings nicht, daß es Nutzen stiften wird.‹ Seht, diese Antwort befriedigte mich: Sie war wohlwollend und persönlich.

Dann unterhielten wir uns ganz wie immer. Er machte darauf aufmerksam, daß es, wie man sich auch drehte und wendete, immer Betrachtung bleiben müßte. In dieser

Hinsicht ließ ich mich nicht weiter ein, aus Furcht, auf das Existentielle zu sprechen zu kommen, jedoch erklärte ich, was ich meinte, mit einigen allgemeinen Beispielen.

Das Übrige der Unterredung hat nichts Bemerkenswertes. Nur eben am Anfang sagte er: ›Ja, die Hälfte des Buches ist ja ein Angriff auf den Heiligen Nikolaus, die Hälfte auf mich‹. Und wir sprachen später von der Stelle in den ›Betrachtungen‹, von der er meinte, sie sei auf ihn gemünzt.

Im übrigen war dann die Unterhaltung ganz wie gewöhnlich. Ich erklärte dies und jenes über meine Taktik, teilte auch mit, daß wir nun über das Schlimmste hinweg wären, auf diese Weise verstand ich jedenfalls mich selbst in diesem Augenblick – aber ich war ein junger Mann und getraute mich denn auch nicht, mehr zu sagen, als daß ich mich selbst in diesem Augenblick so verstand: daß wir jetzt über das Schlimmste hinweg wären.«

Klabund*

»Der Weihnachtsmann sorgt im Rahmen seiner Möglichkeiten dafür, daß Deine Wünsche erfüllt werden. Aber paß auf, was Du Dir wünschst, denn Wünsche können wahr werden. Denk an all die unglücklichen Männer, die genau jene Ehefrau bekommen haben, die sie sich einst so sehnlichst gewünscht haben.«

Heinrich von Kleist*

»Der Weihnachtsmann ist gewisz groszügig, aber nicht gerecht, denn er giebt dem einen viel und dem anderen durchaus wenig. So giebt es auch im allgemeinen in der Welt keyne Gerechtigkeit. Also musz man sie durch Beharrlichkeit erzwingen. Mein Michael Kohlhaas ist einzig gedacht, den Weihnachtsmann zur gerechten Vertheilung seiner Geschenke anzuhalten.«

Sebastian Kneipp*

»Im letzten Becken, in dem nachmittags der kalte Wadenguß verabreicht worden war, fand ich abends einen toten Mann mit hochgezogenen Beinkleidern. ›O je‹, dachte ich, ›ein toter Mann‹. Dem Augenscheine nach war es der Weihnachtsmann. Oder vielleicht ein anderer Mann, der sich als Weihnachtsmann verkleidet hatte.«

Robert Koch*

»Er forderte mich auf, in seinen kleinen Finger zu beißen. Ich fühlte mich unsicher, denn ich war mit seinen Manieren und Erwartungen nicht vertraut. Damals war mir auch noch nicht klar, ob sich der Tuberkelbazillus über das Blut überträgt. Ich sagte ihm: ›Wir ersparen uns eine Menge Ärger, wenn wir uns vergewissern, ob alles in Ordnung ist‹. Er stand auf, sagte ›schade‹, gab mir einen Lebkuchen, bestieg seinen Schlitten, und im Nu war er entschwunden.«

Adolf Kolping*

»Er litt unter dem trostlosen Pendeln zwischen Arbeit und Schlaf. Ich sagte ihm, daß wir verwandelt werden durch das, was wir tun. ›Sei etwas freigebiger, und du wirst dich entsprechend besser fühlen‹, riet ich ihm. Das war an Weihnachten 1859. Im nächsten Jahr regnete es Geschenke, und es schien ihm tatsächlich sehr viel besser zu gehen.«

Christoph Kolumbus

»Ich blieb weiterhin auf west-südwestlichem Kurs. Wir hatten stark unter hohem Seegang zu leiden, mehr als jemals auf unserer ganzen Fahrt. Wir erblickten einige Sturmvögel und ein grünes Schilfrohr, das an der Bordwand des Schiffes vorbeistrich.

Die Leute der Karavelle ›Pinta‹ erspähten ein Rohr und einen Stock, fischten dann noch einen zweiten Stock heraus, der anscheinend mit einem scharfen Eisen bearbeitet worden war; sie griffen noch ein Rohrstück auf und sahen ein kleines Brett und eine Grasart, die von der üblichen verschieden war und auf dem Lande wuchs. Auch die Mannschaft der ›Niña‹ sichtete Anzeichen nahen Landes und den Ast eines Dornbusches, der rote Früchte trug. Diese Vorboten versetzten alle in gehobene, freudvolle Stimmung.

An diesem Tage legten wir bis zum Sonnenuntergang 108 Seemeilen zurück.

Nach Sonnenuntergang kehrte ich wieder zur Westrichtung zurück. Wir kamen mit einer Stundengeschwindigkeit von 12 Seemeilen vorwärts und bis 2 Uhr morgens hatten wir 90 Seemeilen durchlaufen. Da die Karavelle ›Pinta‹ schneller war als die anderen beiden Schiffe und mir vorgefahren war, so entdeckte man an Bord der ›Pinta‹ zuerst das Land und gab auch die angeordneten Signale.

Als erster erspähte dieses Land ein Matrose, der Rodrigo da Triana hieß, wiewohl ich selber um 10 Uhr nachts vom Aufbau des Hinterschiffes aus ein Licht bemerkt hatte.

Obzwar das schimmernde Licht so undeutlich war, daß ich es nicht wagte, es als Land zu bezeichnen, so rief ich dennoch Petro Gutiérrez, den Truchseß des Königs, um ihm zu sagen, daß ich ein Licht zu sehen glaubte, und bat ihn, es sich anzusehen, was jener auch tat und es tatsächlich auch sah. Desgleichen benachrichtigte ich Rodrigo Sánchez di Segovia, den der König und die Königin als Beobachter der Armada zugeteilt hatten. Dieser vermochte aber nichts zu erblicken, da er von seinem Standpunkt aus nichts sehen konnte. Nachdem ich meine Beobachtung gemeldet hatte, sah man das Licht ein-, zweimal aufscheinen; es sah so aus, als würde man eine kleine Wachskerze auf- und niederbewegen, was wohl in den Augen der wenigsten als Anzeichen nahen Landes gegolten hätte – allein ich war fest davon überzeugt, mich in der Nähe des Landes zu befinden.

Als dann die ganze Mannschaft das ›Salve Regina‹ betete, das alle Seeleute auf ihre Art und Weise zu singen pflegen, und dann schweigend verharrte, gab ich meinen

Leuten den guten Rat, auf dem Vorschiff gute Wache zu halten und auf das Insichtkommen des Landes wohl achtzugeben. Derjenige unter ihnen, der als erster melden würde, Land zu sehen, bekäme sofort eine seidene Jacke zum Geschenk, außer all den Belohnungen, die das Herrscherpaar versprochen hatte, nämlich die Auszahlung eines lebenslänglichen Ruhegehaltes von 10 000 Maravedís.

Um zwei Uhr morgens kam das Land in Sicht, von dem wir etwa 8 Seemeilen entfernt waren. Wir holten alle Segel ein und fuhren nur mit einem Großsegel, ohne Nebensegel. Dann legten wir bei und warteten bis zum Anbruch des Tages, der ein Freitag war, an welchem wir zu einer Insel gelangten, die in der Indianersprache ›Guanahaní‹ hieß.

Dort erblickten wir allsogleich nackte Eingeborene. Ich begab mich, begleitet von Martin Alonso Pinzón und dessen Bruder Vicente Yánez, dem Kapitän der ›Niña‹, an Bord eines mit Waffen versehenen Bootes an Land. Dort entfaltete ich die königliche Flagge, während die beiden Schiffskapitäne zwei Fahnen mit einem grünen Kreuz im Felde schwangen, das an Bord aller Schiffe geführt wurde.

Ich rief die beiden Kapitäne und auch all die anderen, die an Land gegangen waren, ferner Rodrigo d'Escobedo, den Notar der Armada, und Rodrigo Sánchez von Segovia, zu mir und sagte ihnen, durch ihre persönliche Gegenwart als Augenzeugen davon Kenntnis zu nehmen, daß ich im Namen des Königs und der Königin, meiner Herren, von der genannten Insel Besitz ergreife, und die rechtlichen Unterlagen zu schaffen, wie es sich aus den Urkunden ergibt, die dort schriftlich niedergelegt wurden.

Sofort sammelten sich an jener Stelle zahlreiche Eingeborene der Insel an. In der Erkenntnis, daß es sich um Leute handle, die man weit besser durch Liebe als mit dem Schwerte retten und zu unserem Heiligen Glauben bekehren könne, gedachte ich, sie mir zu Freunden zu machen und schenkte also einigen unter ihnen rote Kappen und Halsketten aus Glas und noch andere Kleinigkeiten von geringem Werte, worüber sie sich ungemein erfreut zeigten. Sie wurden so gute Freunde, daß es eine helle Freude war. Sie erreichten schwimmend unsere Schiffe und brachten uns Papageien, Knäuel von Baumwollfäden, lange Wurfspieße und viele andere Dinge noch, die sie mit dem eintauschten, was wir ihnen gaben, wie Glasperlen und Glöckchen. Sie gaben und nahmen alles von Herzen gern – allein mir schien es, als litten sie Mangel an allen Dingen.

Sie gehen nackend umher, so wie Gott sie erschaffen, Männer wie Frauen, von denen eine noch sehr jung war. Alle jene, die ich erblickte, waren jung an Jahren, denn ich sah niemand, der mehr als 30 Jahre alt war. Dabei sind sie alle sehr gut gewachsen, haben einen schön geformten Körper und gewinnende Gesichtszüge. Sie haben dichtes, glattes Haar, das fast Pferdeschweifen gleicht, das über der Stirne kurz geschnitten ist bis auf einige Haarsträhnen, die sie nach hinten werfen und in voller Länge tragen, ohne sie jemals zu kürzen. Ihre Stirn und ihre Kopfform ist breit, viel breiter als bei allen Rassen, die ich bisher gesehen habe, ihre Augen sind sehr schön und groß. Keiner von ihnen hat eine sehr dunkle Hautfarbe, vielmehr gleicht sie jener der Bewohner der Kanarischen Inseln, was ja auch verständlich ist, da diese Insel sich im Westen befindet und zwar auf demselben Breitengrad wie die Insel Ferro. Ihre Beine sind gerade gewachsen, ihr Bauch nicht dick und wohlgeformt.

Unter den zahlreichen jungen Indianern hatte ich einen alten Mann von heller Hautfarbe bemerkt, der entweder klüger und uns zugetaner, oder aber ein gefälligerer Redner als die andern zu sein schien. Während die Indianer ihren nackten Körper mit schwarzer oder grauer Farbe bemalt hatten, um sich vor den Sonnenstrahlen zu schützen, war dieser Mann auch nackt, aber mit roter Farbe bemalt.

Diesem ließ ich größte Aufmerksamkeit angedeihen, forderte ihn auf, an Bord meines Schiffes zu bleiben und mich zu den Goldminen zu geleiten, was dieser auch bereitwilligst zu tun versprach. Überdies wußte dieser Mann einen der Indianer dahin zu bringen, sich ihm dabei anzuschließen. Unter den anderen Örtlichkeiten, die nach ihren Angaben als Goldfundorte in Frage kämen, nannten beide Cipango, das sie mit dem Ausdruck ›Cybao‹ bezeichneten, wo ihren Versicherungen nach dieses Edelmetall in großen Mengen vorhanden sei.«

Nikolaus Kopernikus*

»Gewisz ist es, dasz es den Weihnachtsmann giebt, ob auch der blosze Augenschein gegen ihn sprechen möchte, wo ihn keyn Mensch bis dato wahrhafftig sehn hat. Und also kreist auch die Erd um die Sonn, wo jeder Mann vermeinet, dasz die Sonn um die Erd kreiset.«

Karl Kraus*

»Der Weihnachtsmann ist ein Gattungsbegriff und keine Geschlechtsbezeichnung. Mehr noch: Er/Sie kann sein/ihr Geschlecht beliebig wechseln. Als pralles Vollweib macht sie Frühstück, phallisch verläßt er das Haus. So geht er/sie ins neue Jahr, voller Erwartungen, aber ohne Illusionen. Ein Beispiel früher Vollendung.«

Pjotr Fürst Kropotkin*

»Seltsam mischte sich die Kälte mit der Gefahr, in der wir uns befanden. ›Verschwörer sind keine Verbrecher, sondern anonyme Helden‹, sagte ich, aber er schien gar nicht zuzuhören, sondern blickte lange und traurig in den Ausschnitt meiner Zofe.«

Jean de La Fontaine*

»Am vorderen Ende der Zügel ist der Hirsch, und am hinteren Ende der Zügel ist der Weihnachtsmann.«

Selma Lagerlöf*

»Der Weihnachtsmann lebt. Ich habe ihn zufällig kennengelernt. Er war schlanker, als ich ihn mir vorgestellt hatte. An einem warmen Sommertag gingen wir durch die Wiesen. Ich hätte gerne meinen Arm um ihn gelegt, aber ich tat es nicht, weil ich fürchtete, er würde das mißverstehen.«

»Ist es nicht eigenartig, daß man jede Nacht schlafen muß? Während man schläft, geschieht vieles, das niemand beobachtet. Und der Körper arbeitet pausenlos, tags und nachts, auch wenn man schläft. Der Weihnachtsmann zum Beispiel atmet, hustet und bewegt sich im Schlaf. Immer wenn ich nachts neben ihm aufwache, überprüfe ich, ob sein Körper auch im Schlaf tätig ist. Ja, das ist er, unentwegt. Und wenn ich ihn so anschaue, ergreift mich ein tiefes Gefühl von Frieden.«

Pierre Simon Laplace*

»Ich hatte ihn immer für einen Versager gehalten, aber als ich durch mein Fernrohr sah, wie er seinen Schlitten mit größter Umsicht und Leichtigkeit durch die Cassiopeia lenkte, wurde mir klar, daß er über ein Talent verfügte, dem ich meine wohlwollende Beachtung bis dahin versagt hatte.«

Lao-tse

»Was du nicht siehst, so sehr du danach schaust,
Des Name ist: wei-nach.
Was du nicht hörst, so sehr du danach lauschest,
Des Name ist: wei-man.
Was du nicht fängst, so sehr du danach greifst,
Des Name ist: nach-man.
Diese drei kannst du nicht weiter erkunden;
Wahrlich, chaotisch sind sie zum Einen verbunden.
Sein Oben ist nicht hell,
Sein Unten ist nicht dunkel.
Unendlich ist er, nicht kann er benannt werden;
Zum Wesenlosen hat er heimgefunden.
Dies ist es, was man heißt:
Die Gestalt des Gestaltlosen,
Das Bild des Wesenlosen;
Dies ist es, was man heißt:
Brauendes Ur-Glosen.
Wer ihm sich naht, kann keinen Kopf erblicken;
Und wer ihm folgt, erblickt nicht seinen Rücken.«

Else Lasker-Schüler*

»Es gibt unheimlich Orte, an denen man zu spüren meint, daß dort schreckliche Dinge geschehen sind. Nichts deutet äußerlich darauf hin. Es können die schönsten Plätze im zarten Licht des Frühlings sein, und dennoch bekommt man jenes eigenartige, beklemmende Gefühl, bei dem man tiefer ein- als ausatmet. Jenes Haus war ein solcher Ort. Ein Geisterhaus. Mit klopfendem Herzen trat ich ein und stand unversehens vor einer breiten Treppe. Eine Spur von ausgestreuten Haselnüssen zog meinen Blick hinauf. Auf der obersten Stufe saß der Weihnachtsmann, locker an die Wand gelehnt. Er lachte und rief mir zu: ›Else, hör' endlich auf, verschrobene Gedichte zu schreiben. Was du brauchst, ist ein richtiger Mann‹.«

Antoine Lavoisier*

»Die Verbrennung eines beliebigen Stoffes ist nichts anderes als seine Oxydation, das heißt: seine Verbindung mit Sauerstoff. Wenn der Schlitten des Weihnachtsmanns funkensprühend über den nächtlichen Himmel zieht, ist das kein Wunder, sondern die freiwerdende Energie aus Oxydationsprozessen von feststofflichen Partikeln des Äthers.«

Franz Lehár*

»Es war im Jahre 1877. Der Weihnachtsmann klopfte an die Tür und wurde von meiner Mutter in die Stube geleitet. Er forderte mich auf, ›Stille Nacht‹ auf der Blockflöte zu spielen. Zum Glück hatte mich meine vorausschauende Mutter auf diese Prüfung vorbereitet. Ich absolvierte sie mit Bravour. Leider war mein Vater gerade bei den Nachbarn. Er kam erst zurück, als der Weihnachtsmann schon gegangen war. Ich mußte ihm alles mit größter Präzision erzählen. An seinem Kinn bemerkte ich einen kleinen weißen Flaum. Ich tippte mit dem Finger darauf, weil ich ihn für eine Schneeflocke hielt, aber es war Watte. Mein Vater sagte, daß er sich bei der Rasur geschnitten und das Blut mit Watte abgetupft hatte. Aber das interessierte mich nicht, denn ich war innerlich noch ganz ergriffen vom Besuch des Weihnachtsmanns.«

Gottfried Wilhelm Leibniz

»Er ist hagerer, mittlerer Statur, hat ein blasses Gesicht, sehr oft kalte Hände, Füße, die wie die Finger seiner Hände nach Verhältnis der übrigen Teile seines Körpers zu lang und zu dünn sind, und keine Anlage zum Schweiß. Seine Stimme ist schwach und mehr fein und hell als stark, auch ist sie biegsam, aber nicht mannigfaltig genug; die Kehlbuchstaben und das K sind ihm schwer auszusprechen.«

»Der Weihnachtsmann ist schwanger von Zukunft, belastet mit Vergangenheit.«

Nikolaus Lenau*

»Denke ich an den Weihnachtsmann, so empfinde ich statt Freude Schmerz. Dies liegt nicht am Weihnachtsmann, sondern an mir, denn ich empfinde an allem Schmerz. Es gibt eine Krankheit, die heißt Weltschmerz, und an dieser leide ich.«

Wladimir I. Lenin*

»Sofern der Weihnachtsmann seine Waren kostenlos in den kapitalistischen Metropolen absetzt, verursacht er einen Preisverfall bei den gleichartigen Produkten, die dort hergestellt werden. Dieser Preisverfall kommt aber nicht den werktätigen Klassen zugute, weil diese über die Reproduktion ihrer Arbeitskraft hinaus nicht in die kapitalistische Warenzirkulation eingebunden sind.

Im Gegenteil führt dieser Preisverfall dazu, daß der Kapitalist seine geringeren Erträge auf die Löhne abwälzt. Sofern der Weihnachtsmann aber seine Waren kostenlos in den peripheren Regionen des Imperialismus absetzt, zerstört er die Preise in einer solchen Art, daß die lokale Bourgeoisie jedes Fundament für eine rentable Produktion verliert. So kann sich dort der Kapitalismus nicht entfalten, und es entsteht kein Proletariat, das in der Lage wäre, sich zum Subjekt der Geschichte aufzuschwingen.«

»Wir müssen den Weihnachtsmann bekämpfen. Das ist das Abc des gesamten Materialismus und folglich auch des Marxismus. Aber der Marxismus ist kein Materialismus, der beim Abc stehengeblieben ist. Der Marxismus geht weiter. Er sagt: Man muß verstehen, den Weihnachtsmann zu bekämpfen, dazu aber ist es notwendig, den Ursprung des Glaubens und der Religion bei den Massen materialistisch zu erklären. Der Kampf gegen den Weihnachtsmann darf nicht auf eine abstrakt-ideologische Predigt beschränkt werden; dieser Kampf muß in Zusammenhang gebracht werden mit der konkreten Praxis der Klassenbewegung, die auf die Beseitigung der sozialen Wurzeln der Religion gerichtet ist.«

Jakob Michael Reinhold Lenz*

»Die deutsche Sprache ist mir fremd geworden wie die Namen seltener Pflanzen. Ich stecke dem schlafenden Weihnachtsmann meine Wünsche in den Ärmel. Wahrscheinlich verliert er die einen schon morgen und die anderen später im fernen Ägypten.«

»Er ist einsam. Deswegen ist er ständig unterwegs. Seit ich mit ihm durch die Nacht fahre, fühle ich mich wie betäubt. Wir sind beide ganz alleine.«

Leonardo da Vinci

»Mir ... scheint, es sei all jenes Wissen eitel und voller Irrtümer, das nicht von der (Sinnes-)Erfahrung, der Mutter aller Gewißheit, zur Welt gebracht wird und nicht im wahrgenommenen Versuch abschließt, das heißt, daß sein Ursprung, seine Mitte oder sein Ende durch gar keinen der fünf Sinne hindurchgeht. Und wenn wir schon an der Gewißheit eines jeden Dinges zweifeln, das durch die Sinne wirklich hindurch passiert, um wie viel mehr müssen uns die Dinge zweifelhaft sein, die sich gegen diese Sinne auflehnen, wie zum Beispiel die Wesenheit des Weihnachtsmanns, um die man ohne Ende disputiert und streitet, und bei der es wirklich zutrifft, daß jederzeit, wo Vernunftgründe und klares Recht fehlen, Geschrei deren Stelle vertritt; bei sicheren Dingen kommt dies aber nicht vor.

Darum werden wir sagen, wo man Geschrei macht, da ist kein wahrhaftiges Wissen. Denn die Wahrheit hat nur einen einzigen Abschluß, und ist dieser entdeckt und kundgegeben, so bleibt der Streit für alle Ewigkeit ausgerottet. Wenn hingegen der Streit wiederaufersteht, so ist da lügnerische und verworrene Wissenschaft, und nicht neu- und wiedergeborene Gewißheit.

Das wahrhafte Wissen ist dasjenige, welches der Versuch durch die Sinne eindringen ließ, der Zunge der Streitenden Schweigen auferlegend. Es weidet seine Erforscher nicht an Träumen, sondern allzeit schreitet es von Stufe zu Stufe und mit richtigen Folgerungen über seinen ersten, wahrhaftigen und wahrgenommenen, wie wohlbekannten Grundanfängen empor, bis ans Ziel.

So offenbart es sich in den Hauptfächern der Mathematik, das heißt bei Zahl und Maß, Arithmetik und Geometrie genannt, die handeln mit höchster Zuverlässigkeit von den unstetigen und stetigen Größen. Hier wird man nicht den Einwurf erheben, zweimal drei mache mehr oder weniger als sechs, oder den, die Winkel eines Dreiecks betrügen weniger als zwei rechte, sondern jede Gegenrede bleibt hier zu ewigem Stillschweigen ausgetilgt, und in Frieden erfreuen sich die Vertreter jener Wissenschaft. Das können die trügerischen Phantasien über den Weihnachtsmann nicht bewirken.«

Ferdinand Lesseps*

»Der von mir projektierte und verwirklichte Canal ist für die Schiffahrt gewiß vortrefflich. Dem Weihnachtsmann ist er freilich einerlei, denn er bewegt sich im großen Bogen durch die Lüfte und fliegt von Suez nach Alexandrien wie ein Storch.«

Gotthold Ephraim Lessing*

»Mein Herr, wir haben uns nie gesehen; aber bei dem ersten Anblicke glaubte ich, Sie zu erkennen. Ich wünschte, daß Sie es sein möchten. Umarmen Sie mich. Sie haben meine völlige Hochachtung. Ich bitte um Ihre Freundschaft.«

Abraham Lincoln*

»Wie mir zugetragen wurde, ließ der Weihnachtsmann seinen Schlitten in Mississipi von schwarzen Sklaven ziehen, weil seine Rentiere den schwülen Sommer nicht vertrugen. Ich glaube nicht, daß ich ihn mag.«

Karl von Linné*

»Seit frühester Jugend litt ich unter dem Geschwätz der Welt und faßte den festen Entschluß, die Meinungen von der Wahrheit zu scheiden und deren vielfältige Ausprägungen in eine logische Ordnung zu bringen. Vom Weihnachtsmann hörte ich dieses und jenes, und so plante ich ein wissenschaftliches Experiment: Ich forderte alle Bürger über das lutherische Wochenblatt auf, exakt den Tag und die Uhrzeit aufzuschreiben, wenn sie des Weihnachtsmanns ansichtig würden, und ich erfuhr auf diese Weise, daß er zweimal zur selben Zeit an verschiedenen Orten gewesen ist. Da sich ein physikalischer Körper aber nicht gleichzeitig an verschiedenen Orten aufhalten kann, folgerte ich, daß mindestens einer von ihnen ein Schelm gewesen ist. Vielleicht auch beide.«

Friedrich List*

»Manchmal hasse ich ihn, aber das hält nie lange an, denn er praktiziert einen Warenverkehr, der für die deutschen Länder vorbildlich ist. So wie die Vögel keine Grenzen kennen, so mißachtet er souverän die Zollvorschriften. Seine Geschenke gehen hernieder im reinen Nettowert ohne zusätzlichen Zollaufschlag, und ebenso wäre es wünschenswert, im üblichen Warenverkehr alle tarifären und nicht-tarifären Handelshemmnisse zu beseitigen.«

David Livingstone*

»Manchmal ist es schön, etwas geschenkt zu bekommen, das man gar nicht brauchen kann, aber meistens ist es ärgerlich. Ich sitze krank und verloren mitten im schwarzen Kontinent, und dem Weihnachtsmann fällt nichts Besseres ein, als mir einen Strohhalm zu schenken.«

Konrad Lorenz

»Alle diese erstaunlichen Widersprüche im sozialen Duktus des Weihnachtsmanns finden eine zwanglose Erklärung und lassen sich lückenlos einordnen, sowie man sich zu der Erkenntnis durchgerungen hat, daß sein Verhalten keineswegs ausschließlich von Verstand und kultureller Tradition diktiert wird, sondern immer noch allen jenen Gesetzlichkeiten gehorcht, die in allem phylogenetisch entstandenen instinktiven Verhalten obwalten – Gesetzlichkeiten, die wir aus dem Studium tierischen Verhaltens recht gut kennen.«

»Der naheliegende Gedanke, gewissermaßen den Weihnachtsmann als Feindattrappe zu benutzen, wäre selbst bei geistig hochstehenden Menschen bedenklich. Der Weihnachtsmann ist ja derjenige, der das Gute, also das, was man als Wert empfindet, symbolisiert, der aber zugleich nichts anderes darstellt als ein phallisches Alpha-Tier, das man instinktiv haßt und insgeheim ermorden will. Würde man den Weihnachtsmann aber tatsächlich ermorden, würde man damit auch das eigene Gute zerstören, das ebenso instinktgesichert ist wie das sogenannte Böse.«

Albert Lortzing*

»Er ist ein ganz besonderer Mensch. Denke ich an ihn, so fühle ich mich nah bei Gott und seiner Schöpfung. Wäre es unschicklich, ihn zu bitten, mir finanziell ein wenig auszuhelfen?«

Martin Luther

»Es ist schwierig, diesen verschmitzten alten Mann zu fassen, der sich ganz auf die Geschmeidigkeit seiner Eloquenz verlässt und geschickt wie eine Hornisse jedem Schlag auszuweichen weiss ... Als ein wahrer König sitzt er auf seinem Thron der Doppeldeutigkeit und macht uns einfältigen Christen das Leben schwer. Er macht sich geradezu ein Vergnügen daraus, dass wir an seinen Worten Anstoß nehmen und uns in unserer Schwerfälligkeit von ihm genarrt fühlen ... Er lehrt uns über nichts ernsthaft und gründlich nachzudenken und zu sprechen, sondern bringt nur das Publikum zum Lachen, wie es jene Adepten der humanistischen Bildung machen, die nur dummes Zeug reden können. Mit solcher Leichtfertigkeit und Spielerei treibt er allmählich den religiösen Sinn aus, der schließlich verschwindet und völliger Weltlichkeit weichen muss.«

»Obwohl mein Name verhaßt ist, so sehr, daß ich darum fürchten muß, ob der Brief, den ich schicke, bester Ludwig, von Dir überhaupt empfangen und gelesen werde, so hat doch die Liebe zum Weihnachtsmann, mit der ich Dich geschmückt und begabt sehe, diese Furcht überwunden. Diese Liebe läßt mich auch hoffen, daß Dir mein Brief keine Gefahr bringen werde, denn wer würde selbst einen Türken tadeln, wenn er den Weihnachtsmann liebte? Selbst Deine bayrischen Herzöge, die mir in höchstem Maße ungnädig sind, lobe ich durchaus und ehre sie dennoch vor andern, weil sie der Gewißheit um das wahrhaftige Leben des Weihnachtsmanns in Treue anhängen. Und es besteht kein Zweifel, daß viele Samen guter Tugenden in den Seelen derer angelegt sind, die vom Weihnachtsmann berührt werden; die davon aber nicht berührt werden, scheinen mir Klötzen und Steinen zu gleichen.«

Rosa Luxemburg*

»Der industrielle Kapitalismus produziert mehr Waren, als Käufer vorhanden sind, weil das Proletariat auf dem Niveau des ehernen Mindestlohns gehalten wird und über keine darüber hinausgehende Kaufkraft verfügt. Dieser Angebotsüberhang bzw. diese Unterkonsumption wird den industriellen Kapitalismus zugrunde richten. Der Weihnachtsmann muß in diesem Zusammenhang dialektisch gesehen werden: Einerseits befriedigt er einige wenige der über das Existenzminimum hinausreichenden Konsumwünsche des Proletariats, verschärft damit die Unterkonsumption und beschleunigt den Zusammenbruch des industriellen Kapitalismus; andererseits reduziert er die minimale Nachfrage des Proletariats nach gleichartigen Produkten, so daß die Arbeiter ihren bescheidenen Lohnüberschuß für alkoholische Getränke verwenden können. Dadurch wird ihre Bewußtwerdung als ›Klasse für sich‹ verhindert, wovon die Kapitalisten nur profitieren können.«

Mechthild von Magdeburg*

»Wahrhaft gottesfürchtig ist es, ganz unten zu leben. Die Gottesminne gibt unserem kleinen Leben einen großen Sinn. Alles, was ER geschaffen hat, ist heilig. Gewiß ist der Weihnachtsmann ein Narr. Da aber auch er von IHM geschaffen wurde, ist er ein heiliger Narr. Am Ende der Zeiten schafft ER die Versöhnung, und dann wird der Weihnachtsmann Vergebung bekommen für die Kleinlichkeit seiner Geschenke.«

Albertus Magnus*

»Der Weihnachtsmann enterte ein treibendes Schiff mit schwarzen Segeln. Der Kapitän war mit den Beinen am Mast festgewachsen und rief: ›Erlöse mich‹. Der Weihnachtsmann öffnete seinen Beutel mit geweihter Erde, brach den Zauber und vertrieb die Irrlichter. Dann gab er dem Kapitän zwei Rätsel auf: Wie oft ist schon ›Stille Nacht, heilige Nacht‹ gesungen worden, und wie oft wurde nach der ersten Strophe nur noch mitgesummt? Der Kapitän wußte es nicht. Er hatte seine Chance vertan, der Günstling des Weihnachtsmanns zu werden, und staunte nicht schlecht, als sich dieser in einen Kometen verwandelte und mit einem flirrenden Geräusch hinter den Wolken verschwand.«

René Magritte*

»Das Treppenhaus war dunkel. Ich tastete mich die Wand entlang, die Treppe hinauf. Plötzlich bekam ich Angst. Wenn man sich vor etwas fürchtet, führt man es meistens selber herbei. Im ersten Stock wollte ich nach dem Geländer greifen, aber es war nicht da. Alles geschah wie in Zeitlupe: Ich verlor das Gleichgewicht und stürzte wie ein Taucher hinunter. Bevor ich unten aufschlug, fühlte ich mich verloren in einem unendlichen schwarzen Raum. Als ich wieder zu Bewußtsein kam, lag ich eisgekühlt und wie ein Päckchen verschnürt auf dem Schlitten des Weihnachtsmanns. Er warf mich vor die Haustür von Gisèle, die ich bis dahin nie sonderlich leiden konnte, aber sie nahm mich in ihr Haus und pflegte meine erfrorenen Zehen mit solcher Hingabe und Geduld, daß ich mich schließlich in sie verliebte. Sie verliebte sich aber nicht in mich und schickte mich fort, sobald die Frostbeulen einigermaßen abgeheilt waren.«

»Wildgänse und Kraniche ziehen lange Linien bis zum Horizont. Auf den nassen Wegen picken die Schwalben den Lehm für ihre Nester auf. Niemand kann den Frühling aufhalten, weder der Papst noch die Dadaisten noch der Weihnachtsmann.«

»Viele Menschen nahmen an der Prozession teil. Wenn arme Leute sich festlich kleiden wollen, aber ihre alten Trachten längst in Vergessenheit geraten sind, bekommt die Mischung aus schlecht sitzenden Jacken, mißlungenen Farbkombinationen und ungewohnt engen Schuhen immer etwas Rührendes, und diese Stimmung verband sich mit dem monotonen Gesang, der feierlich getragenen Monstranz, dem Weihrauch, dem schwülen Abend und dem würzigstumpfen Geruch des Salbeis, der vor der Prozession auf die Straße geworfen worden war. Ich stand am Rande eines kleinen Platzes in einer Gruppe grotesk verkleideter Dadaisten. Wir hatten diese künstlerische Aktion seit langem vorbereitet, fühlten uns jetzt aber in einer äußerst unangenehmen Weise deplaciert. Ich hob ein Salbei-Ästchen auf und erinnerte mich an einen seltsamen Satz, den mir Madeleine gesagt hatte, nachdem ihr bester Freund von der Schwindsucht dahingerafft worden war: ›Er starb, obwohl er Salbei im Garten hatte‹. Da bemerkte ich plötzlich – direkt hinter dem Priester – den Weihnachtsmann! Ich konnte sein Gesicht nicht sehr deutlich erkennen, aber ich tippte instinktiv auf Otto Dix.«

Thomas Robert Malthus*

»Wir haben dem verehrten Leser mit ausreichender Evidenz gezeigt, daß sich die Menschheit exponentiell vermehrt, ihre Nahrungsmittelproduktion aber nur linear. Hungerkatastrophen und andere Heimsuchungen werden die Zahl der Menschen an die Menge der verfügbaren Nahrungsmittel anpassen. Der Weihnachtsmann ist in diesem Konzert nur im beschränkten Sinne hilfreich, denn seine Gaben sind an Zahl und verdaulichem Gehalt unzureichend, um den zunehmenden Mangel an Nahrungsmitteln auszugleichen.«

Heinrich Mann*

»Der Weihnachtsmann ist ein verschlossener und strenger Mann. Die Bekanntschaft mit ihm ist nicht sehr lohnend. Er ist ein emotionaler Parasit, denn er nimmt die Gefühle der anderen in sich auf, gibt von seinen Gefühlen aber nichts zurück. Er kümmert sich um sein eigenes Elend und nicht um das Elend der anderen. Vielleicht fürchtet er im Innersten, daß er dadurch gefühlsmäßig verarmt, obwohl er wissen sollte, daß man gefühlsmäßig reicher wird, je freigebiger man mit seinen Gefühlen umgeht.«

»Mit seinem dicken Bauch zwängte er sich geschickt zwischen zwei langen Büffets hindurch und achtete darauf, nichts herunterzustoßen.«

»In der Irrenanstalt lebten mehrere eingebildete Weihnachtsmänner. Sie saßen kreisförmig zusammen und sagten nacheinander: ›Ich bin wirklich der Weihnachtsmann, und Ihr seid es nicht‹. So ging das endlos von morgens bis abends.«

Thomas Mann*

»Ich war fünf Jahre alt. Ich erinnere mich an die schönen, aber kurzen Sommermonate. Sonntags unternahmen wir nach dem Kirchgang kleine Landpartien mit der Kutsche. Meistens fuhren wir an einen stillen See, der an einem Waldrand lag und ganz im Schilf verborgen war. Nur wer darauf achtete, daß Möwen und Enten über den Wald flogen und danach nicht mehr zu sehen waren, konnte vermuten, daß dahinter eine große offene Wasserfläche lag. Wir konnten nicht schwimmen, aber wir empfanden großes Vergnügen dabei, bis zum Hals ins Wasser zu gehen und nur unsere Köpfe zu sehen, die auf einem silbernen Teller zu liegen schienen wie der Kopf des Heiligen Johannes nach dem Tanz der Salome. An Salome zu denken, war natürlich pikant, aber wenn unsere Zofe mit ihrem eng anliegenden Badehemd aus dem Wasser kam, war ein solcher Gedanke kaum zu unterdrücken, obwohl sie weder das leichte Temperament noch die grazile Gestalt von Salome hatte; so wurde diese sündige Frau jedenfalls auf den Holzschnitten in der illustrierten Ausgabe der Heiligen Schrift dargestellt. Als wir eines Tages wieder zum See fuhren, sahen wir einen dicken Mann, der rücklings auf dem Wasser lag. Sein Bauch sah aus wie ein großer Luftballon. Am Ufer lag seine Kleidung: rote Hosen, rote Jacke, rote Zipfelmütze und schwarze Stiefel.«

»Der Weihnachtsmann wohnt auf einem Landsitz außerhalb der Stadt. Eine schmale Straße aus harter roter Erde wird von den scharfen Felgen der Kutschenräder täglich neu aus dem flachen Buschwerk herausgeschnitten. Kleine Kletten bedecken die Beine der Pferde wie grüne Wollstrümpfe. Zu beiden Seiten der Straße spritzen die Heuschrecken heraus, und über den Pferden fliegt ein Schwarm kleiner Bremsen, die sich blitzschnell auf den Rücken setzen und ebenso schnell wieder in der Luft sind, wie winzige elastische Bälle.

Die Straße öffnet sich zu einer Allee, die von hohen Palmen gesäumt wird. Sie sind unten weiß gekalkt und wirken wie die Pfeiler einer Kathedrale, die den Blick nach oben ziehen, wo die filigranen Blätter als betende Hände ineinandergreifen. Eine großzügige barocke Einfahrt aus wuchtigen Sandsteinpfeilern führt seitlich an das rosenbewachsene Herrenhaus.

Es ist ganz aus Holz gebaut. Der geräumige Keller, der als Vorratsraum und als Lager für die landwirtschaftlichen Geräte dient, liegt ebenerdig. Über eine breite Holztreppe gelangen wir auf eine Veranda im ersten Stock, die um das ganze Gebäude läuft. Hängematten sind zwischen den Balken gespannt, und an der Nordseite stehen englische Korbmöbel, geschützt im weichen Schatten einer tief heruntergezogenen Markise.

Von der Veranda führen hohe Lamellentüren in schöne, helle Räume. Ein schüchternes, zu einem englischen Hoffräulein verkleidetes Bauernmädchen reicht Gin, Tonic, Zigarren und kakaobestäubte Ingwer-Plätzchen. Die Damen bekommen Tee und englisches Gebäck, das der Weihnachtsmann höchstpersönlich aus einer tellergroßen Dose, die mit Jagdszenen geschmückt ist, mit spitzigen Fingern herauspickt, so als würde er Diamantenbroschen aus einer Schmuckschatulle hervorholen.«

Mao Tse-tung

»Alle Genossen müssen sich die Anweisungen des Weihnachtsmanns voll und ganz zu eigen machen und es dahin bringen, daß alle seine Schriften lesen, seinen Worten gehorchen und nach seinen Empfehlungen zu guten Kämpfern werden.

Das Studium der Anweisungen des Weihnachtsmanns muß im Zusammenhang mit bestehenden Problemen betrieben werden, indem man lebendig lernt und schöpferisch anwendet, indem Lernen und Anwenden eins werden, indem man, um schlagartige Ergebnisse zu erzielen, das Vordringliche zuerst lernt und besonders dem Begriff ›Anwenden‹ seine ganze Aufmerksamkeit widmet.

Genosse Nik-Las hat die Weisung gegeben, daß man die Gedanken des Vorsitzenden Weihnachtsmanns wieder und wieder durchnehmen muß, daß man einige Kernsätze auswendig lernen und immer wieder in die Praxis umsetzen soll.

Genosse Rup-Ret hat angeordnet, die Worte des Vorsitzenden Weihnachtsmanns beständig abzudrucken, damit unsere Kader sie lernen.

Die in den letzten Jahren in den Betriebszellen gemachten Erfahrungen beim lebendigen Lernen und schöpferischen Anwenden der Worte des Weihnachtsmanns haben bewiesen, daß das Studium ausgewählter Zitate eine gute Methode ist, die zu raschen Ergebnissen führt.

Beim organisierten Studium sollen die einschlägigen Stellen im Einklang mit den jeweiligen Umständen und Aufgaben, der ideologischen Ausrichtung und den Arbeitsbedingungen ausgewählt und studiert werden.

Wir hoffen, daß alle Genossen beim Studium gewissenhaft vorgehen und hart an sich arbeiten, damit sie einen Aufschwung des lebendigen Lernens und der schöpferischen Anwendung der Worte des Weihnachtsmanns herbeiführen.«

Jean Paul Marat*

»Ich hielt ihn für einen Royalisten. Aber er war mein Gast, und so bot ich ihm Speise und ein warmes Bad an. Die Speisen nahm er freudig an, aber er verschmähte die Badewanne, nachdem er meinen Hautausschlag bemerkt hatte.«

Guglielmo Marconi*

»Als es mir im Jahre 1902 gelungen war, eine Nachricht vermittels der Funkentelegraphie von Irland nach Kanada zu senden, kam mir der Gedanke, dem Weihnachtsmann auf demselben Wege meinen hauptsächlichen Wunsch zur Kenntnis zu bringen. Die Unternehmung war von der Substanz her durchaus ein Erfolg, aber dem Weihnachtsmann war offensichtlich ein Fehler unterlaufen. Ich hatte mir einen Sohn gewünscht, aber ich bekam ein Töchterchen. Immerhin.«

Pierre Carlet de Chamblain de Marivaux*

»Er wirkte sehr verliebt und schien mir eine starke Wirkung auf Frauen auszuüben. Gute Freunde haben immer Geheimnisse. Eines Abends beichtete er mir, daß er zwar nicht verliebt sei, aber eine große Bereitschaft dazu verspüre. Vielleicht lag es am Wein, vielleicht war es die Wahrheit.«

Karl Marx*

»Mythen sind nichts anderes als verdrängte historische Erfahrungen, die als Folklore wieder auftauchen. In diesem Sinne ist der Weihnachtsmann nichts anderes als der ideelle Gesamtkapitalist: Gefangen im herrschenden Verblendungszusammenhang, erwarten die arbeitenden Klassen Almosen von allen jenen – und so auch vom Weihnachtsmann –, welche Zugang zu den Produktionsmitteln (Himmel) haben und Löhne (Geschenke) verteilen. Dabei haben die arbeitenden Klassen nicht nur die Produktionsmittel geschaffen, sondern auch den Mehrwert erzeugt, der lediglich zur puren Reproduktion ihrer Arbeitskraft ausbezahlt wird. Der Weihnachtsmann ist also der personifizierte Klassenfeind im ideologischen Überbau.«

»Im Mythos des Weihnachtsmanns ist indes auch ein positives dialektisches Moment enthalten: Mit seinen großzügigen Gaben durchbricht er das eherne Lohngesetz und bejaht die Aneignung des Mehrwerts durch die arbeitenden Klassen, wenn auch in paternalistischer Manier.«

»Am 27. Dezember beobachtete ich den Weihnachtsmann im Britischen Museum. Offensichtlich hatte er sich in eine Mumie verliebt, denn wie im Rausch steckte er sich und ihr einen goldenen Ring an den Finger.«

Mata Hari*

»Woran denke ich als erstes, wenn ich morgens aufwache? An ihn. Er ist der dickste Agent des Deutschen Reiches. Plump, aber raffiniert.«

»Wir konnten den Weihnachtsmann nicht kommen sehen, da wir uns am oberen Teil einer Talkrümmung befanden, aber kaum waren fünf Minuten seit den letzten Worten verflossen, so vernahmen wir den Huftritt seines Pferdes.

Die anderen hatten sich zurückgezogen, ich jedoch lag vorn am Waldsaum hinter einem ziemlich dichten Gesträuch. Der Weihnachtsmann kam, langsam den Boden musternd. Hatte er vielleicht einige niedergetretene Grashalme oder sonst eine Spur bemerkt? Es mußte so sein, denn jetzt hielt er gerade mir gegenüber an und richtete den Blick auf die Nadeln, die ich vorhin hinausgeworfen hatte. Im Nu stand er am Boden, mit einem Stock in der Hand, denn er hatte Verdacht geschöpft. Ich aber drang ebenso schnell durch den Busch und eilte ihm entgegen. Sein sehniger Arm holte aus zum fürchterlichen Hieb.

›Weihnachtsmann!‹, rief ich, ›willst du deinen Freund töten?‹

Er ließ den Arm sinken, und sein dunkles Auge leuchtete hell auf. ›Scharlih!‹

Er rief nur das eine Wort, aber es lag in dem Ton eine Freude, die der stolze Weihnachtsmann sonst lieber beherrscht, als laut werden läßt. Dann schlang er die Arme um mich und drückte mich an sich.

Auch ich freute mich herzlich über dieses Zusammentreffen. Doch es war jetzt nicht Zeit dazu, irgendwelchen Gefühlen Raum zu geben.

›Was tut der Weihnachtsmann an dieser Stelle des Pecos?‹ fragte ich.

Er steckte den Stock in den Gürtel.

›Es ist Weihnachten, mein Freund, und da reise ich durch die ganze Welt, aber was tust du, mein Freund, in diesem Tal? Sagtest du nicht vor vielen Monden, daß du wieder über das große Wasser ziehen würdest zum Wigwam deines Vaters und deiner Schwestern?‹

›Ich habe das Wigwam des Vaters gesehen, aber der Geist der Savanne hat mich zurückgeführt im Licht des Tages und im Traum der Nacht. Da bin ich seiner Stimme gefolgt.‹

›Du hast recht getan. Das Herz der Prärie ist groß und weit. Es umfaßt das Leben und den Tod, und wer seinen Puls gefühlt hat, der darf wohl fortgehen, aber er kommt immer wieder zurück.‹

Der Weihnachtsmann nahm sein Pferd beim Zügel und trat mit mir unter die Bäume. Hier erst erblickte er meine Begleiter. Obgleich ich sie mit keinem Wort erwähnt hatte, zeigte er sich nicht im mindesten überrascht über ihre Anwesenheit; vielmehr tat er so, als hätte er sie gar nicht bemerkt. Er griff zur Pfeife und zum Tabaksbeutel und setzte sich mit würdevoller Haltung nieder.

›Ich bin weit im Norden gewesen, um den heiligen Ton für das Kalumet zu graben‹, sagte er, ›und du bist der erste, der es mit mir rauchen wird‹.

›Es werden heute noch andere mit dir rauchen‹, bemerkte ich. ›Hast du schon von Sans-Ear gehört, dem tapferen, klugen Jäger?‹

›Ich kenne ihn, aber ich habe ihn noch nicht gesehen. Sans-Ear ist lustig wie die Schlange, klug wie der Fuchs und tapfer wie der Jaguar. Er trinkt das Blut der roten Männer und hat ihren Tod auf dem Kolben seiner Büchse eingegraben. Aber er tötet nur die Bösen. Dort steht sein Pferd. Warum kommt er nicht hierher, um mit mir die Pfeife des Friedens zu rauchen?‹

Mark erhob sich und trat herbei. Ich sah es ihm an, daß er sich bewußt war, jetzt dem Mann zu begegnen, der die Guten vor der Jahreswende beschenkt. Der Weihnachtsmann hatte jetzt seine Pfeife gestopft und steckte sie in Brand. Nachdem er den Rauch zuerst empor zum Himmel und dann nieder zur Erde geblasen hatte, stieß er ihn in die vier Himmelsrichtungen aus und reichte dann mir das Kalumet. Ich tat ebenso und gab die Pfeife an Mark weiter.

Nachdem die Zeremonie würdevoll beendet worden war, stand der Weihnachtsmann auf, nahm sein Pferd, führte es hinaus und schwang sich auf. Hatte er die Geschenke vergessen?«

Jules Mazarin*

»Der Weihnachtsmann ist ein Agent des Erzbischofs von Köln.«

Philipp Melanchthon

»Dich habe ich niemals angreifen wollen, gebe vielmehr sehr viel auf Dein Urteil und schätze Dein Wohlwollen. Du siehst ja auch, daß ich mich selbst in der Beurteilung der Glaubenslehren in manchen Fragen von Dir umstimmen lasse ... Ich könnte viele zuverlässige Zeugen für meine Anhänglichkeit an Dich beibringen. Ich verehre Dich nämlich nicht nur wegen der Kraft Deines Geistes, wegen Deiner hervorragenden wissenschaftlichen Qualitäten und Deines Könnens, sondern schließe mich auch bei der Beurteilung der anderen Streitfragen gern Deiner Meinung an. Ich bitte Dich also, Unmut und Argwohn gegen mich abzulegen und überzeugt zu sein, daß ich

Dein Ansehen und Deine Freundschaft über alles schätze.«

Felix Mendelssohn Bartholdy*

»Ich hörte, daß Franz Schubert den Verdacht geäußert hat, der Weihnachtsmann sei in Wahrheit eine Frau. Sollte sich dies bewahrheiten, so hätte letzterer auch bei größter Toleranz seinen Namen nicht verdient.«

Conrad Ferdinand Meyer

»Die Mittagssonne stand über der kahlen, von Felshäuptern umragten Höhe des Julierpasses im Lande Bünden. Die Steinwände brannten und schimmerten unter den stechenden senkrechten Strahlen. Zuweilen, wenn eine geballte Wetterwolke emporquoll und vorüberzog, schienen die Bergmauern näher heranzutreten und, die Landschaft verengend, schroff und unheimlich zusammenzurücken. Die wenigen zwischen den Felszacken herniederhängenden Schneeflecke und Gletscherzungen leuchteten bald grell auf, bald wichen sie zurück in grünliches Dunkel. Es drückte eine schwüle Stille, nur das niedrige Geflatter der Steinlerche regte sich zwischen den nackten Blöcken, und von Zeit zu Zeit durchdrang das zischende Geräusch des rasenden Schlittens die Einöde …«

Michelangelo*

»Der Weihnachtsmann betastete meinen David halb zärtlich und halb erregt. Ich sagte ihm: ›Bei allem Respekt, wenn Sie eine erotische Befriedigung suchen, sind Sie hier falsch‹. Eine innere Stimme sagte mir sogleich, daß ich mich für diese Grobheit entschuldigen sollte, aber da war er auch schon mit rotem Kopf aus der Werkstatt gestürmt.«

Henry Miller*

»Ich wollte den Weihnachtsmann in seiner Wohnung aufsuchen. Ich schrieb ihm vorher einen Brief und kündigte meinen Besuch an, aber ich erhielt keine Antwort. So ging ich kurz entschlossen in die Rue Levesque Nr. 3. Auf der Fußmatte lag mein Brief. Die Tür stand offen. Ich ging vorsichtig in den Flur. Aus einem Raum hörte ich Gekicher. Eine junge Frau in knapper Bekleidung öffnete die Tür und zog mich in ein großes Bett, in dem eine zweite Frau lag. ›Pardon, Madame‹, sagte ich, ›auf diese Situation bin ich nicht vorbereitet. Ich suche den Weihnachtsmann‹. ›Ach so‹, antwortete sie, ›das macht aber 50 Francs extra‹, ging zum Schrank und holte sich eine rote Jacke. Mir schien es, als ob sie die Gelegenheit auch dazu benutzt hatte, um sich ihrer Corsage zu entledigen.«

»Er lag im Sarg, aber er sah ganz frisch aus. Als ich den Deckel schließen wollte, steckte er einen Finger in den Spalt. Erschrocken nahm ich den Deckel hoch, aber seine Hände lagen wieder wie vorher über der Brust gefaltet. Ich wollte den Deckel zum zweiten Mal schließen, aber da steckte plötzlich seine Nasenspitze im Spalt. Ich hob den Deckel erneut, aber da lag er wieder wie vorher. Jetzt hatte ich endgültig die Schnauze voll. Ich packte ihn am rechten Ohr und zog ihn hoch. ›Ich hasse Simulanten‹, sagte ich, ›verschwinde, oder ich beerdige dich wirklich!‹ ›Helau, guter Mann‹, antwortete er und sprang gut gelaunt aus der Kiste.«

»Ich war es gründlich satt, auf seine verdammten Almosen zu warten. Clichy war der passende Ort. Ich mußte zwar ewig in der Kälte warten, wobei mir fast alles abgefroren ist, was meinem Leben einen Sinn gab, aber dann kam er endlich durch die enge Gasse gefahren. Ich schlug ihm mit dem eingerollten ›Figaro‹ kräftig gegen die Nase, und da fiel er von seinem Schlitten wie ein Kartoffelsack. Ich öffnete die Päckchen, aber das einzig Sinnvolle, das ich darin fand, war ein roter Büstenhalter. Der kam mir allerdings sehr gelegen. Ich schenkte ihn Madeleine. Sie trug ihn die ganze Nacht und auch noch beim Frühstück.«

»Als der Weihnachtsmann am Empire State Building vorbeizog, fiel ihm King Kong in den Schlitten und bot ihm sein nasses Fell als Atemluft an. Der Weihnachtsmann wandte sich ab und zählte bis Hundert. Neben dem Riesenaffen fühlte sich der alte Kerl jung und schön, ja geradezu wie sweet-sixteen.«

Jean François Millet*

»Das Land wurde von Gott geschaffen, aber die Städte von den Menschen. Der Weihnachtsmann, so scheint mir, wurde sowohl von Gott wie von den Menschen geschaffen.«

John Milton*

»Ich bin mit dem Lordprotector derselben Meinung, daß der Weihnachtsmann eine Spukgestalt der unaufgeklärten Vergangenheit war und mit dieser verschwunden ist. Damit haben wir aber auch unsere letzte Connection zum Paradies verloren.«

Jean-Baptiste Molière*

»Wo der Weihnachtsmann seine Geschenke aus großer Höhe herabwirft, erreichen sie nicht immer ihr wohlbedachtes Ziel. Manche liegen im Wald und andere auf den Wiesen. Ich habe es mir zum Vorsatz gemacht und diesen praktiziert, die Geschenke für mein Vergnügen einzusammeln, denn ich nehme mir mein Eigentum, wo ich es finde.«

Claudio Monteverdi*

»Jedes einzelne Wort des Librettos enthält in sich eine verborgene Wahrheit, die der Tondichter als musikalischen Klang erkennt und zusammen mit jenem Wort zu Gehör bringt. So offenbart er das göttliche Geheimnis dieser Welt. Ebenso bewirkt es der Weihnachtsmann: Mit mächtiger Stimme singt er das Halleluja und entlockt jeder Silbe ihren heiligen Äther. Seine instrumentale Begleitung sollte freilich verbessert werden, denn die Monotonie der Glocke wirkt wie das Hämmern eines Hufschmieds.«

Michel-Joseph de Montgolfier*

»Er ist ein alter aufgeblasener Kerl und sieht aus wie mein Luftballon. Vielleicht kann er auch deshalb fliegen, weil sein Leib mit heißen Gasen gefüllt ist.«

Christian Morgenstern

»Ich hatte mich im Hochgebirg verstiegen,
Die Felsenwelt um mich, sie war wohl schön;
Doch konnt ich keinen Ausweg mir ersiegen
Noch einen Aufgang nach den lichten Höhn.

Da traf ich Dich, in ärgster Not: Dich, alten Mann!
Mit Dir vereint, gewann ich frischen Mut,
obgleich mir bald das Blut gerann,
Und siehe da: Das Schicksal war uns gut ...«

»Die eigentliche, im höchsten Menschensinne schöpferische Tätigkeit des Weihnachtsmanns wird erst der Historiker enthüllen, der die Geschichte dieses erhabenen Lebens zu schreiben berufen sein wird. Dann wird mit tiefem Erstaunen wahrgenommen werden, was da in der Stille für den Menschen als solchen überhaupt geschieht und geschehen ist, und welchen unersetzlichen Rückhalt und Stützpunkt ihm die Lebensarbeit dieses Geistes gegeben hat, während das Jahrhundert noch immer weiter in die furchtbare Wüste des Materialismus hineineilt.«

Samuel Morse*

-.. . .-. .-- . .. . -. .- ---- - ... -- .-
-. -. .... .- - -.. .. . --. . ... ---- . -.
-.- . --. . -... .-. .- ---- - ... - --- .--.
... .- -- ..- . .-..

Wolfgang Amadeus Mozart*

»Werthe Cousine, liebes Bäschen, Sie mag über die Zauberflöte urtheilen wie ein junges Weib und daran Ihre Träume heften. Und ich kann Ihr versichern, daß der Weihnachtsmann eine Zauberflöte sein Eigen nennt, dasz der arme Papageno blasz würde vom Neid.«

Baron Münchhausen*

»Ich bin der Weihnachtsmann.«

Thomas Müntzer*

»Er versuchte, mich mit Händen und Füßen abzuwehren, als ich mit der Kanne auf ihn zuging, und rief erregt, er sei bereits als Säugling getauft worden. ›Du einfältiger Tor‹, entgegnete ich, ›ist nicht auch unser Heiland erst im vollen Mannesalter getauft worden?‹ Und ehe er sichs versah, goß ich das Wasser über ihm aus und schenkte ihm das Sakrament. Anstatt dem Herrn zu danken, schüttelte er sich wie ein nasser Hund, wrang seine Mütze aus, stürmte durch die Sakristei ins Freie und ließ sich in Münster nie wieder blicken.«

Bartolomé Esteban Murillo*

»Der Fortschritt produziert immer mehr Dinge, die sich auch mit den Mitteln der Kunst nicht beseelen lassen. Im Jahre 1671 fuhr der Weihnachtsmann zum ersten Male durch Kastilien und Aragon. Obwohl ich ihn aus nächster Entfernung und in größter Deutlichkeit sah, war ich bei allem Talent nicht in der Lage, ein Bild von diesem Ereignis anzufertigen, das meinen Ansprüchen genügen konnte.«

Modest P. Mussorgsky*

»Als ich seine rote Nase sah, wußte ich sofort, was los war. Sie war noch dunkler als meine. Er hatte einen Haufen Flaschen dabei. Als Einstieg empfahl er ein dunkles Bier aus dem deutschen Bayernland: ›Andechser‹. Wirklich vorzüglich, aber dann war es auch schon Zeit, auf Wodka umzusteigen. Wenig später bekamen wir eine tiefe Einsicht in das Wesen der Dinge und flossen leicht mit dem Leben dahin. Schon bevor wir miteinander tanzten, wußte ich, daß er mein Freund ist.«

Vladimir Nabokov

»*Weihnachtsmann*, Licht meines Lebens, Feuer meiner Lenden. Meine Sünde, meine Seele. Weihnachtsmann: Die Unterlippe schmiegt sich an die oberen Zähne, die Zungenspitze tippt an den Gaumen, und dann schließen und öffnen sich die Lippen in voller Sinnlichkeit ... *Weihnachts-mann*!«

»Auf dem Eis lag eine rote Zipfelmütze. Daneben bemerkte ich eine frisch eingebrochene Stelle. Ich wollte die Zipfelmütze mitnehmen, aber sie war festgefroren. Ich weiß nicht, wie mir geschah, aber ich zuckte unwillkürlich mit den Schultern und lief in einem großen Bogen weiter, bis ich Lolita von hinten zwischen meine Schenkel nahm. Dann zeigte ich ihr jene anmutige Pirouette, mit der man ein Herz in das Eis schneidet. Als ich ihr dieses Kunststück ein zweites Mal vorführen wollte, stolperte ich über die Zipfelmütze. Da wurde ich daran erinnert, daß ich nicht mehr der Allerjüngste war.« (*)

Pablo Neruda*

»Man sagt, daß die Mestizen alle schlechten Eigenschaften der Weißen und der Indios in sich vereinen, aber ich glaube eher, daß sie charakterlich verkrüppeln, wenn sie in dieser grausamen und bigotten Gesellschaft groß werden. Sie wachsen in die bösen und heimtückischen Eigenschaften ihrer weißen Herren hinein, weil sie woanders nicht hinwachsen können, wie Spalierbäume, deren Wachstum genau dorthin gezwungen wird, wo sie angebunden werden. Die weißen Herrn haben sich auf diese Weise von allem Negativen entäußert und können ihr Leben in der charmanten Atmosphäre der Kultur und der Etikette verbringen. Ähnlich ist es beim Weihnachtsmann, der sich in Wohltaten ergehen kann, weil er selber kein Opfer der Ausbeutung ist – im Gegensatz etwa zum Knecht Rupprecht, der bekanntlich einen ziemlich miesen Charakter hat, während sein Ausbeuter, der sogenannte Heilige Nikolaus, souverän den Großmut der Herrschenden ausspielt.«

»Ich fuhr auf der ›Leonardo da Vinci‹ von Genua nach Santiago, unter uns das große Gedächtnis der Ozeane, über uns die funkelnden Seelen der großen Dichter am schwarzen Himmel, um uns eine gewaltige Horizontale. Anläßlich der Äquator-Taufe ging ich in den Salon der zweiten Klasse. Ein kleiner, untersetzter Herr in der Kleidung des Weihnachtsmanns fiel mir sofort auf. Ich setzte mich neben ihn, und wir plauderten ein wenig. Er war geistreich und sprach fließend Spanisch, wenn auch mit einem schweren deutschen Akzent. Als ich schließlich gehen wollte, stand er auf, umarmte mich und flüsterte mir ins Ohr: ›Pablo, mi amigo, dir will ich es sagen, weil ich dich mag. Ich bin wirklich der Weihnachtsmann‹. Ich antwortete: ›Gracias, compadre, por tu confianza, aber davon war ich sofort überzeugt. Darf ich die Gelegenheit nutzen und dich um ein extravagantes Geschenk bitten?‹ ›Seguro, seguro, como no!, que deseas?‹, ermunterte er mich. ›Also gut‹, antwortete ich, ›wie wärs mit einer sozialistischen Revolution in Chile?‹ Er kratzte sich verlegen am Kopf und sagte schließlich: ›O.k., das geht in Ordnung. Aber für den langfristigen Erfolg kann ich nicht garantieren.«

Johann Nepomuk Nestroy

»G'fallen sollen meine Sachen, unterhalten. Lachen sollen die Leut', und mir soll die G'schicht a Geld tragen, daß ich auch lach, das ist der ganze Zweck. G'spaßige Sachen schreiben und damit nach dem Lorbeer trachten wollen, das ist grad so, wie wenn der Weihnachtsmann nicht seine Zipfelmütze aufhätt, sondern einen Doktorhut. Die Zipfelmütze sieht aus wie eine Narrenkappe, was kein Zufall ist.«

Isaak Newton*

»Da also alle Erscheinungen über unendliche Ketten von Ursache und Wirkung miteinander verbunden sind, wirkt auch in die Gegenwart hinein, was von den Ahnen kommt. So erklärt sich die Existenz des Weihnachtsmanns von Generation zu Generation.«

Friedrich Nietzsche

»Ich unterdrücke an dieser Stelle einen Seufzer nicht. Es gibt Tage, wo mich ein Gefühl heimsucht, schwärzer als die schwärzeste Melancholie. Und damit ich keinen Zweifel darüber lasse, *was* ich verachte, *wen* ich verachte: der *Weihnachtsmann* ist es. Ich gehe durch die Irrenhaus-Welt ganzer Jahrtausende, heiße sie nun ›Christentum‹,

›christlicher Glaube‹, ›christliche Kirche‹, mit einer düsteren Vorsicht hindurch, – ich hüte mich, die Menschheit für ihre Geisteskrankheiten verantwortlich zu machen. Aber mein Gefühl schlägt um, bricht heraus, sobald ich an den Weihnachtsmann denke. Unsre Zeit ist *wissend* ... Was ehemals bloß krank war, heute ward es unanständig, – es ist unanständig, heute an den Weihnachtsmann zu glauben. *Und hier beginnt mein Ekel.* – Ich sehe mich um: Es ist kein Wort von dem mehr übriggeblieben, was ehemals ›Wahrheit‹ hieß, wir halten es nicht mehr aus, wenn ein Priester das Wort ›Wahrheit‹ auch nur in den Mund nimmt. Selbst bei dem bescheidensten Anspruch auf Rechtschaffenheit *muß* man heute wissen, daß ein Theologe, ein Priester, ein Papst mit jedem Satz, den er spricht, nicht nur irrt, sondern *lügt*, – daß es ihm nicht mehr freisteht, aus ›Unschuld‹, aus ›Unwissenheit‹ zu lügen. Auch der Priester weiß so gut es jedermann weiß, daß es keinen Weihnachtsmann mehr gibt.«

»Hiermit bin ich am Schluß und spreche mein Urteil. Ich *verurteile* den Weihnachtsmann, ich erhebe gegen ihn die furchtbarste aller Anklagen, die je ein Ankläger in den Mund genommen hat. Er ist mir die höchste aller denkbaren Korruptionen, er hat den Willen zur letzten auch nur möglichen Korruption gehabt. Er ließ nichts mit seiner Verderbnis unberührt, er hat aus jedem Wert einen Unwert, aus jeder Wahrheit eine Lüge, aus jeder Rechtschaffenheit eine Seelen-Niedertracht gemacht. Man wage es noch, mir von seinen ›humanitären‹ Segnungen zu reden! Irgend einen Notstand *abschaffen* ging wider seine tiefste Nützlichkeit, er lebte von Notständen, er *schuf* Notstände, um *sich* zu verewigen ...«

»Der Weihnachtsmann ist tot.«

»Was mir der Weihnachtsmann ist? Ein Ungeheuer von Kraft, ohne Anfang, ohne Ende, eine Kraft, die sich nicht verbraucht, sondern nur verwandelt – vom Nichts umschlossen als von seiner Grenze, ein Meer in sich selber stürmender und flutender Kräfte, ewig zurücklaufend zwischen Ebbe und Flut in seinen Gestaltungen.«

Sankt Nikolaus*

»Der Weihnachtsmann fliegt mit einem Schlitten durch die Luft und verteilt Geschenke. Man braucht sehr viel Phantasie, um das zu glauben. Die Tatsache, daß er mit mir in einen Wettstreit getreten ist, will ich ihm gerne verzeihen, sofern er wirklich Wohltaten verteilt. Einen göttlichen Auftrag hat er dafür freilich nicht.«

Alfred Nobel*

»Erwartungsvoll öffnete ich das erste Päckchen und fand zwei Stangen aus einem weißen, hart gepreßten Pulver, ähnlich, wie ich es von medizinischen Tabletten kannte. Oben ragte ein Faden heraus. Zunächst dachte ich, daß es sich um zwei Kerzen handelte, aber eine innere Stimme sagte mir, daß ich vom Weihnachtsmann Größeres erwarten durfte; vielleicht ein chinesisches Feuerwerk? Somit vorsichtig geworden, zündete ich eine dieser Kerzen an und legte sie unter einen großen Findling. Kaum hatte ich mich in eine gebührliche Entfernung zurückgezogen, gab es einen gewaltigen Knall, und der Findling explodierte zu kleinen spitzen Steinen. Ich war ebenso erschrocken wie hocherfreut, denn ich sah eine Möglichkeit, die Chemie des raschen energiereichen Zerfalls näher zu studieren. Die zweite Stange hatte ich noch, und so konnte ich sie analysieren. Es handelte sich um eine neue, aber überaus einfache Verbindung: Trinitrotoluol.«

Nostradamus*

»Wenn ein weiser Mann ein zukünftiges Ereignis voraussagt, so ist es noch nicht gewiß, ob dieses Ereignis wirklich eintrifft. Trifft es nicht ein, so schmälert dies die Ehre jenes Mannes nicht, aber es wird offenbar, daß er nicht weissagen kann. Doch selbst wenn das vorausgesagte Ereignis eintrifft, bedeutet dies noch nicht, daß jener Mann tatsächlich weiszusagen vermag, denn er könnte es erraten haben. Ich jedoch sehe die Zukunft so klar wie den heutigen Tag. In diesem Augenblick sehe ich: Germanien geteilt / bald geeint / der dicke schwarze Fürst / für das neue Schloß / macht Koffer und Kisten bereit / der kleine Gegenfürst / an der französischen Quelle sitzt er / mit spitzer Nase.«

Jacques Offenbach*

»Das Warten auf den Weihnachtsmann ist ein gemeinsames Erlebnis aller fühlenden Seelen.«

Eugene Gladstone O'Neill*

»Er hatte einen verschmitzten Zug in den Augen und wirkte auf mich wie jene wenigen Tiere mit ganzjähriger Paarungsbereitschaft. Ich denke, daß man auch in der Sexualität einen angemessenen Rhythmus finden muß, denn nur dann hat man den Kopf für andere Dinge frei. Allerdings muß ich bekennen, daß er in mir Gefühle weckte, die ich bis dahin nicht gekannt hatte.«

Blaise Pascal

»Das Endliche vernichtet sich in der Gegenwart des Unendlichen und wird zum reinen Nichts. Was ist ein einzelnes Geschenk des Weihnachtsmanns im Vergleich zu allen Geschenken, die er in der Unendlichkeit der Zeit schon verteilt hat und weiter verteilen wird?«

»Das ist sein wahrer Stand im Dasein: Er zieht dahin auf einer unmeßbaren Mitte, immer ungewiß und schwankend, von einem Ende zum nächsten gestoßen. An welcher Grenze er auch immer gedachte, sich anzuheften und Halt zu gewinnen, sie wankt und läßt ihn weiterfahren. Und wenn wir ihm folgen wollten, entwindet er sich unserem Zugriff, entgleitet uns und flieht auf seinem Schlitten in die Ewigkeit.«

Louis Pasteur*

»Am 23.12.1891 impfte ich den Weihnachtsmann gegen Milzbrand und Tollwut. Seither habe ich ihn nie wieder gesehen.«

Heinrich Pestalozzi*

»Der wesentliche Vorteil des Alters besteht darin, daß man langsamer und damit besonnener wird. In dieser Eigenschaft war mir der Weihnachtsmann immer ein Vorbild.«

Philipp II.*

»Der Weihnachtsmann ist eine gefällige Maskierung des Unaussprechlichen und hat dem wahren Christen die Adventszeit bis zur Geburt des Heilands verpestet. Durch göttliche Gnade wurde Uns jedoch ein Geschenk zuteil, um den Irrglauben zu bekämpfen: Die Heilige Inquisition, die Wir in aller Demut und aller Inbrunst befördern wollen.«

Pablo Picasso*

»Es gibt keine Kunst, sondern es gibt nur einige Menschen, die mit Nachdruck behaupten, daß etwas Kunst sei, und viele andere, die das glauben. Die einzige objektive Kunst ist die Kunst der Vermarktung. In diesem Sinne betrachte ich den Weihnachtsmann als ein von ihm selbst erschaffenes Gesamtkunstwerk, denn seine Produkte sind kläglich, und dennoch erfreuen sie sich allgemeiner Wertschätzung.«

Platon

»Wenn einer den gütigen Schneemann sieht, wie er auf seinem silbernen Gefährt über den Sternenhimmel zieht, und sich dabei an dessen Gaben erinnert, dem wachsen gleichsam Flügel, und so geflügelt sehnt er sich danach, sich selber hinaufzuschwingen. Das aber vermag er nicht. Darum blickt er nur nach oben und vernachlässigt, was unten ist. Dann beschuldigt man ihn, er sei wahnsinnig.«

»Aristoteles ist mir ein gelehriger Schüler, wie ich ein gelehriger Schüler von Sokrates war. Von wem war aber Sokrates ein gelehriger Schüler? Denn der Geist entsteht nicht aus dem Nichts, sondern muß wohl geformt werden. Nicht Apoll war der Lehrer von Sokrates und auch nicht der große Homer. Ein Barbar war er, und wir wissen über ihn nicht mehr, als daß er rote Backen und einen weißen Bart hatte.«(*)

Marco Polo*

»Es ging auf Mitternacht. Ich saß mit Francesca in der Postkutsche nach Bologna. Plötzlich fuhr der Weihnachtsmann mit seinem Schlitten neben uns auf. Er winkte uns zu, und in einer fröhlichen Laune rief ich hinüber: ›Leisten Sie uns Gesellschaft!‹ ›Öffnen Sie die Tür‹, rief er zurück. Ich tat es. Und da sprang er auch schon mit größter Behendigkeit von seinem Schlitten und landete diretissime im Fauteuil neben Francesca. ›Ich suche eine Frau, die mir die Nacht vertreibt; die besten Dinge im Leben sind umsonst‹, flüsterte er ihr ins Ohr, und zu mir gewandt: ›Seien Sie nicht eifersüchtig. Ich bin über hundert Jahre alt.‹ Aber ich mochte sie ihm nicht abtreten; so etwas würde nur ein Franzose tun.«

Ferdinand Porsche*

»Ich sagte ihm: ›Darf ich Ihnen eine neue Idee für Ihre Geschenke anbieten?‹ Er antwortete: ›Aber klar doch!‹ und fing sofort an, in den Konstruktionsplänen zu wühlen. Glücklicherweise hatte ich in diesem Moment den Verdacht, daß er ein Agent von Daimler war. Natürlich wußte ich, daß es den Weihnachtsmann in Wirklichkeit nicht gibt. Das ist vielleicht so eine Art ›nom de guerre‹ in der Industriespionage. Ich wies ihm die Tür. Für den Antrieb seines Schlittens hätte ich übrigens auch eine gute Idee. Die Tatsache, daß die Ingenieure von Daimler noch nicht darauf gekommen sind, wundert mich allerdings nicht.«

Giacomo Puccini*

»In der modernen Oper kommt es auf das gefühlvolle Raffinement der Klangfärbung an. Es geht nicht mehr um die Liebe selbst, sondern darum, wie man die Liebe am Vollkommensten zur Darstellung bringt. In dieser Hinsicht habe ich viel vom Weihnachtsmann gelernt, denn er ist nicht wirklich freigebig, aber er ist mit konzentrierter Sorgfalt darauf bedacht, die Freigebigkeit mit größter Virtuosität zu inszenieren.«

Fürst Pückler*

»Ich sah dem Weihnachtsmann in die Augen und erkannte eine durchaus ehrbare Person. Zu einer Familie und einem ordentlichen Hausstand hat er es freilich nicht gebracht. Und obwohl er sich vorzugsweise in der Kälte bewegte, war er ein wahrer Scharlatan in bezug auf Speiseeis, ja, geradezu ein unkultivierter und gefräßiger Bourgeois.«

Jean Racine*

»Dieser widerliche Kerl ist ein herumirrendes Gespenst, das sich aus dem finsteren Mittelalter in die neue Zeit herüber gerettet hat. So ich ihn in personam treffe, werde ich ihn fest an mein Herz drücken, um ihn zu ersticken.«

Raffael*

»Wenn ich einer schönen Frau begegne, weiß ich oft nicht, ob ich mehr ihren Körper oder mehr ihren Geist liebe, aber beim Weihnachtsmann gebe ich seinem Geist deutlich den Vorzug.«

Friedrich Wilhelm Raiffeisen*

»Weihnachtsmann ist ein seltener, aber ganz normaler Beruf, der freilich leicht zur Überforderung führt. Zu kapitalistischen Subunternehmern rate ich ihm nicht, sondern zu einer modernen Genossenschaft der Wohltätigkeit, besser organisiert und wirtschaftlich rationaler als die herkömmlichen Hilfswerke der christlichen Kirchen.«

Ramses II.

»Sehet, ich habe euch herbeirufen lassen
wegen eines Plans, der mir vorschwebt.
Ich habe Tempel und Grabanlagen in Abydos gesehen,
wo die Arbeiten daran unvollendet geblieben sind
von der Zeit ihrer Gründer bis zum heutigen Tag.
Sollte aber der Pharao nicht,
der an Stelle des weisen alten Mannes steht,
die Denkmäler seines Gönners erneuern?
Ich besprach mich mit meinem Herzen:
Eine Glück verheißende Tat bedeutet doch die
Wiederherstellung von Zerstörtem.
Über alle Maßen nützlich ist es, Gutes zu tun!
Eine Herzensfreude stellt der junge Mann dar,
der sich um den bärtigen Herrscher des Füllhorns
kümmert.
Deshalb leitet mich mein Herz doppelt
bei der Ausführung herrlicher Taten für ihn,
der die fruchtbaren Fluten des großen Flusses schenkt.
Ich will erreichen, daß für immer und ewig gesagt wird:
Es ist sein Diener, der seinen Namen belebt.
O, möchte ich mich
dafür mit einer langen Lebenszeit belohnen,
denn ich bin es, der genau das tut,
was er mir im Traum aufgetragen hat.«
»Wach doch auf, heiliger alter Mann,
Richte dein Gesicht zum Himmel,
daß Du den Sonnengott siehst,
der Du zu einem Gott geworden bist.
Siehe, Deinen Namen belebe ich,
ich schütze Dich.
Deine Opferbrote dauern,
während Du wie Osiris in der Unterwelt ruhst,
denn ich bin als Sonnengott den Völkern erschienen!«

Grigorij Jefimowitsch Rasputin*

»Ich habe mich am Sonntag mit einer Substanz eingesprüht, die mich unsichtbar macht. So begab ich mich in das Schlafzimmer der Zofe. Da sah ich ihn, wie er in ihrem Bett lag. Die Zofe sah ihn nicht, denn auch er war für sie unsichtbar, aber ich konnte ihn deutlich erkennen. Auch er sah mich und machte einen Zauber, daß ich sichtbar wurde. Die Zofe zeigte sich über meine Anwesenheit hocherfreut und war bereit, mir ihre Gunst zu schenken. Derweil lag der Alte neben uns und zupfte mich so lange am Bart, bis meine vornehmsten Kräfte versagten.«

Maurice Ravel*

»Musik ist schlichte Einfachheit und raffinierte Klangvielfalt im einheitlichen Gesamtbilde. Wenn dieser Anspruch anerkannt wird, muß der Weihnachtsmann als ein musikalischer Stümper gelten. Ich mag ihn trotzdem. Er hat mir im Jahre 1880 einen Lebkuchen geschenkt, den ich mir aufgespart habe und noch immer in meiner Rocktasche trage.«

René de Réaumur*

»Wenn ein alter Mann mit einem Rentier-Schlitten ohne Unterlaß unterwegs ist, so muß die Frage erlaubt sein, ob er sich einer angemessenen geistigen Gesundheit erfreut.«

Philipp Reis*

»Lieber Weihnachtsmann, die electrischen Spulen, die Sie mir im Tausch gegen das weiße Untergewand aus feiner Baumwolle zukommen ließen, functionieren mit höchster Präzision. Es ist mir ein besonderes Vergnügen, mit Ihnen Geschäfte zu machen.«

Adam Riese

»Guth von seynem Hertzen ist der grosz Weihnachtsmann und klar in seynem Kopfe. Wohl vermag er artig zu rechnen den Schöffel, den Eimer und das Pfundtgewicht.«

Rembrandt van Rijn*

»Kein ernsthafter Maler wird ein Portrait des Weihnachtsmanns anfertigen. Da er mich aber so inständig bat, ließ ich mich schließlich überreden, aber nur unter der Conditio, sein Äußeres nach meinem Gutdünken zu verändern. Ich setzte ihm einen goldenen Helm auf und begann mit kräftigen Pinselstrichen. Er aber wollte partout nicht ruhig sitzen bleiben, sondern schlenderte durch das Atelier hin und her. So brach ich die erste Sitzung ab, und er kam nicht wieder. Die unfertige Skizze gab ich meinem Gesellen, damit er ein ordentliches Bild daraus mache.«

Rainer Maria Rilke*

»Der kleine Fluß hat in unendlicher Geduld ein tiefes Tal zwischen die Wiesen geschnitten. An einigen Stellen haben sich die kräftigen Strudel zu Forellen verdichtet. Die von der Strömung gedehnten Wellen nehmen die Melancholie der Wiesen mit und spülen sie in die nächste Stadt. Drüben stürzt der Wald in den Fluß, aber hier strömt die Landschaft in weichen Wellen hinunter und läuft in einer flachen Kiesbank aus. Die Wacholdersträucher können dieser Bewegung nur deswegen widerstehen, weil sie besonders schlank sind, und der dicke Weihnachtsmann, weil er wie ein mit der Erde verwachsender Felsen zwischen den flüsternden Gräsern liegt.«

»Wie die Zeit vergeht! Die Droschkengäule dämmern im halbwachen Winterschlaf der Frühjahrsmüdigkeit entgegen, die Bäume rekeln sich schon ein wenig in diesen wärmenden Tagen, und die jungen Mädchen zeigen täglich ein bißchen mehr von ihrer weißen Haut. Wo die Sonne nicht hinkommt, kommt der Arzt hin, sagt man hier, und so warten sie alle ungeduldig darauf, daß es endlich etwas wärmer wird, um ihre Reize immer schamloser zur Schau zu stellen. Meine Krankheit schützt mich vor erhitzten Phantasien und galanten Eskapaden. Einerseits fühle ich mich entsagungsvoll gereinigt, andererseits aber auch unsäglich altbacken. Lou sagte mir, ich würde sie an den Weihnachtsmann erinnern. Sie ist ihm mehrmals persönlich begegnet. Da sie immer ehrlich ist, glaube ich ihr.«

»Die Natur wirkt in ihrer Vielfalt so anmutig und in ihrer Schönheit so zerbrechlich wie das Reich der Poesie. Immer neue Eindrücke fließen durch mich hindurch, und ich fühle mich wie ein Spiegel, der alles aufnimmt, aber nichts festhält. Es ist noch kalt. Der zähe Winter gibt das Land nur langsam frei. Am Ufer der Seen ist das Eis dünner. Schüchtern liegt noch etwas Schnee im Schilf. In den Wald führt eine Spur und nicht zurück. Der Frühling haucht sich in die Seele, und tausend kleine Käfer surren in meinem Blut. Und die Alpen türmen sich hinten im Kopf majestätisch auf. Die Bäume hängen in den See, und die Stunden sind sich ähnlich.

Eine feierliche Melancholie ergreift mich, und ich vergesse alle Inkonvenienzen dieser engen Wohnung in Irschenhausen. Ich fühle das Fremdsein in dieser Welt, die von unwürdiger Geschäftigkeit lebt. Sie ist nicht nur unverständlich, sondern geradezu von rätselhafter Sinnlosigkeit, und deshalb muß man ihr einen Sinn geben, sofern man das kann. Voilà le problème, c'est évident, mais on n'y fait que des choses inutiles. Ich versuche, von innen nach außen zu leben, aber die Außenwelt drückt sich mit Macht in meine vergewaltigte Seele.

Und die Liebe? Wo ist ihr angemessener Platz in diesem großen Ganzen? Ich weiß es nicht. Die geheimnisvollen, fruchtbaren Frauen sind aus meinem Leben gewichen.

Dies ist jedoch kein spürbarer Verlust, denn meine wahre Braut ist der Weihnachtsmann, stolz, wild, schön und über die Jahrmillionen herangewachsen in geduldiger Liebe zu mir.«

Wilhelm K. Röntgen*

»Als ich durch seine Hand leuchtete, konnte ich seine gichtigen Gelenke deutlich sehen. Bei dieser Gelegenheit fiel mir beiläufig ein säuerlicher Geruch auf, der mehr seinen Achseln als seinem Unterleib zu entströmen schien.«

Gioacchino Antonio Rossini*

»Das Geheimnis der Musik läßt sich nicht dadurch entdecken, daß man eine Geige zerlegt. Und so läßt sich auch das Geheimnis des Weihnachtsmanns nicht durch eine Autopsie entdecken.«

Jean-Jacques Rousseau

»Ich lese in meinem Herzen, und dort finde ich den Weihnachtsmann. Ich bin nicht wie einer von denen geschaffen, die ich gesehen habe. Ich wage sogar zu glauben, daß ich nicht wie einer der Lebenden gebildet bin. Wenn ich nicht besser bin, so bin ich wenigstens anders. Vielleicht bin ich selber der Weihnachtsmann und wachse langsam meiner Natur entgegen.«
»Ich hasse die Welt, ich hasse Voltaire, ich hasse mich, ich hasse den Weihnachtsmann.«
»Indem der Weihnachtsmann alles gibt, gibt er keinem etwas Besonderes. Und da jedermann die ungeliebten Geschenke weiterverschenkt, gewinnt er das, was er aufgegeben hat, im gleichen Maße wieder zurück. Er gibt damit freilich die Würde des Geschenkes auf, aber er tauscht es gegen die wahre Freiheit ein.«

Peter Paul Rubens*

»Üppige und fruchtbare Weiber habe ich als Modelle immer bevorzugt, weil sie für ein geringes Entgelt bereit waren, ihre Kleider abzulegen und dem Bild ein überaus bewegtes Temperament zu geben vermochten. Das Ziel meiner künstlerischen Ambitionen war freilich der Weihnachtsmann. Zwar hatte ich zweimal das Vergnügen, daß er mich in meinem Atelier aufsuchte, um mir das kostbare fleischfarbene Pigment zu schenken, aber er weigerte sich auch nach geduldigem Zureden, sich zu entkleiden, und so war es mir verwehrt, diesen prächtigen Mann auf die Leinwand zu bringen.«

Bertrand Russell*

»Es ist nicht sicher, ob der Weihnachtsmann tatsächlich heilig ist. Wenn er *nicht* heilig ist, erübrigen sich alle nachgeordneten Fragen, aber wenn er tatsächlich heilig ist, würden wir gerne erfahren, ob dies auch für seine Rentiere gilt. Nehmen wir einmal an, dies wäre der Fall, dann müßten wir folgern, daß auch Tiere heilig sein können, und uns fragen, warum im Christentum keine Tiere angebetet werden. Sollten die Rentiere aber nicht heilig sein, also von ganz normalen Rentieren in Lappland abstammen, müßten wir uns fragen, wie sie kometengleich über den nächtlichen Himmel ziehen können. Solange diese Fragen nicht geklärt sind, erscheinen mir verläßliche Aussagen über den Weihnachtsmann nicht möglich zu sein.«

Leopold von Sacher-Masoch

»Bei jedem Vergehen, Versäumnis oder Majestätsverbrechen darf der Weihnachtsmann seinen Sklaven Leopold nach seinem Sinne und Gutdünken strafen. Kurz, Leopold hat seinem Herren mit sklavischer Untertänigkeit zu begegnen, seine Gunstbezeugungen als eine entzückende Gabe hinzunehmen, keine Anforderungen an seine Liebe, sein Recht als sein Geliebter geltend zu machen. Der Weihnachtsmann dagegen verspricht, so oft als tunlich Pelze zu tragen, und besonders dann, wenn er grausam ist.«

»Ich öffnete erst den sehr kleinen und dann den sehr großen Karton. Dort fand ich den Weihnachtsmann, zusammengekrümmt, aber gewaltig. Ich erklomm zuerst seine Südflanke und stieg über den Westgrat in die Steilwand. Von dort waren es bis zum Gipfel nur noch zwei Minuten. Mit einem einmaligen Trick, den ich dem Marquis de Sade verdanke, verkleinerte ich den Weihnachtsmann auf die Größe eines Stecknadelkopfes, drückte ihn mir ins Ohrläppchen und spülte ihn mehrmals durch meine Adern. In der linken Herzklappe gab es fast eine Embolie. Da dachte ich erleichtert: ›Oha, das ging ja gerade noch mal gut‹.« (*)

Hans Sachs*

»Der Alte ist ein Buhmann und Gespenst dazu.«

Marquis de Sade*

»Im Dezember wurde ein alter Mann in Charenton eingeliefert, ein edler Herr sicherlich, denn ihm wurde von den Seinen alles trefflich eingerichtet, wonach sein wirrer Geist verlangte: Ein Schlitten fuhr vor, gezogen von vier Rappen mit aufgesetzten Hörnern, daß sie so aussehen möchten wie Hirsche. Nachts lag ich wach auf meinem Lager, und es war mir nicht gegeben, die wildesten Gedanken zu zügeln: Ihn nackt auf den Schlitten binden, mit Ruten blutig schlagen, dabei rhythmisch eine Rede des Wohlfahrtsausschusses deklamieren, seine dicke Nase mit dünnen Lederriemen schnüren, seinen Bart von zwanzig Helfern in alle Richtungen ziehen, seine Schreie mit wildem Gelächter parieren, oh ja, ich war im höchsten Maße erregt und erwartete mit fiebriger Geduld den Morgen. Wie fahl kam er daher!«

Jean-Paul Sartre*

»Er wirkte ganz bieder, wie ein Mann aus guter Familie. Aber dann hörte ich, daß er sich immer wieder an Lizzie heranmachte und versuchte, ihren Rock hochzuziehen.«

Ferdinand Sauerbruch*

»Es war keine akute Blinddarmentzündung, wie ich zunächst vermutet hatte. Als ich die Bauchdecke öffnete, entdeckte ich nichts als einen stark geblähten Dickdarm. Ich hielt ihn zwei Wochen auf der Station. Er erholte sich rasch und zeigte nach vier Tagen keine Symptome mehr. Ich empfahl ihm, in Zukunft weniger Lebkuchen zu essen.«

Horace Bénédict de Saussure*

»Das scheinbar Unmögliche erschien mir plötzlich möglich. Bei strahlendem Wetter erreichte ich den Gipfel des Montblanc. Dort überkam mich das Gefühl, daß jemand vor mir hiergewesen war, und da gewahrte ich auch schon Schlittenspuren und Abdrücke von Hufen im Schnee. Dies alles schien mir im höchsten Maße der Deutung bedürftig.«

Friedrich Wilhelm Joseph Schelling

»Es ist wirklich so, daß ich seit Jahr und Tag gewissermaßen geschieden von dieser Welt mich nur glücklich fühle in der Adventszeit, in der freudigen Erwartung des guten Alten, weil in diesem Gefühl mein ganzes Leben zusammengefaßt wird und im Verhältnis, als seine Ankunft näherrückt, die Vorempfindung des bevorstehenden Festes über mich kommt.«
»Die immer wiederkehrende Gestaltwerdung des Weihnachtsmanns ist eine fortgehende, sich allmählich enthüllende Offenbarung des Absoluten.«

Egon Schiele

»So schritt ich
den sonnenweißen Weg weiter –
ich, der ich rot war.
Rot war auch der Rock des Weihnachtsmanns,
ich habe ihn gesehen im Grünen –
im grünen Garten.
Er blieb stille stehen –
er schaute mit runden dunklen Augen auf mich.
Er war fast weiß im Gesicht.«

Friedrich Schiller*

»Durch diese hohle Gasse mußte er kommen. Ich war ganz zuversichtlich, und da kam er auch schon, weniger prächtig, als ich erwartet hatte, aber anmutig hielt er die Zügel in den nach oben geöffneten Händen.«

»Gestern besuchte ich Goethen. Meine anerkennenden Bemerkungen zur Iphigenie versetzten ihn in eine angenehme Stimmung. Eckermann stand derweil am Pult und schrieb unser Gespräch getreulich auf. Ich litt seit Tagen an der Diarrhöe, und so konnte ich meine Aufmerksamkeit nur schwer von dieser Unpäßlichkeit lösen. Aber als ich Goethen am Fenster stehen sah, deuchte es mir, daß auch er am Darm erkrankt war, denn er schien mit üblen Gasen aufgebläht zu sein und hatte einen runden Bauch wie der Weihnachtsmann. Einen kurzen Augenblick vermeinte ich sogar, daß er selber der Weihnachtsmann sei, aber ich sagte es mit Rücksicht auf die Anwesenheit Eckermanns nicht.«

»Sei mir gegrüßt, mein Zwerg, mit dem rötlich strahlenden Zipfel.«

Karl Friedrich Schinkel*

»Ich glaubte an ihn, weil ich an ihn glauben wollte. Bei ihm konnte ich mein erregtes Temperament ohne Zurückhaltung entladen. Männer sprechen häufig von Gefühlen, die sie nicht wirklich kennen. Aber bei ihm war es anders. Freilich war er sehr kompliziert und kapriziös.«

Arthur Schnitzler*

»Oft denke ich, daß die Tiere meine materialisierten Gedanken sind. Je nach dem, was ich denke oder fühle, erscheint in meiner Umgebung das jeweils entsprechende Tier. Vermutlich sind sie schon da, bevor ich sie sehe, aber wenn ich sie sehe, werden sie zur symbolischen Verkörperung meiner Einsichten, Ängste, Wünsche, Stimmungen, Träume und Illusionen, zutiefst vertraut, Teile von mir, hervorgegangen aus demselben kosmischen Kraftfeld. So wundert es mich nicht, daß ich dem Weihnachtsmann begegne, wenn ich an Weihnachten denke. Dieses Experiment klappt immer; ich kann es beliebig oft wiederholen.«

»Eines Nachts wurde ich in meinem Haus vom Weihnachtsmann überfallen. Ich bemerkte ihn aber erst, als er schon auf mir saß und mich kunstvoll wie ein Päckchen verschnürte. Dann hielt er mir die Nase zu, so daß ich meinen Mund öffnen mußte. Blitzschnell klemmte er mir einen Stock zwischen die Zähne, und dann steckte er mir so lange feingeschnittene Streifen von Lebkuchen in den Mundwinkel, bis ich die Besinnung verlor. Nebenbei gesagt, mußte ich schon anfangs dringend auf die Toilette, aber auch meine plötzliche Befreiung konnte ihn nicht davon abhalten, mit der Tortur fortzufahren.«

Arnold Schönberg*

»Es interessiert mich nicht im geringsten, ob meine Werke aufführbar sind. Wahrscheinlich sind sie es nicht. Wenn schon! Ich bin doch nicht der Weihnachtsmann, der ein billiges Spektakel abspult, das jedermann imitieren kann! Ich habe es selber für meine Kinder getan und mußte mich danach übergeben. Wenn ich nur daran denke, kommt mir schon der Brechreiz.«

Arthur Schopenhauer

»Der Weihnachtsmann, ein platter, geistloser, ekelhaftwiderlicher, unwissender Scharlatan, der mit beispielloser Frechheit und Aberwitz nur Unsinniges herausschwätzt, das von seinen Anhängern als unsterbliche Weisheit ausposaunt und von Dummköpfen für bare Münze genommen wird, hat den intellektuellen Verderb ganzer Generationen zur Folge gehabt.«
»Weder für Musik, noch Poesie, noch bildende Künste haben die Weiber wirklich und wahrhaftig Sinn und Empfänglichkeit; es ist bloße Äfferei und Gefallsucht, wenn sie solches affektieren und vorgeben. In ihrem unvertilgbaren Drang zum Lügen vergiften sie die Kinder mit dem Märchen vom Weihnachtsmann; leider sind die vergifteten Kinder nicht nur Mädchen, sondern auch Knaben, und so wachsen auch diese selber weibisch heran und tragen das Untermenschliche in sich.«

Franz Schubert*

»Ich sah den Weihnachtsmann am 23. Dezember anno 1826 auf dem Stephansplatz. Ehrlich gesagt, ich hatte den Eindruck, daß es sich bei dieser Person um eine verkleidete Frau handelte.«

Robert Schumann*

»Gewiß weiß ich, wem ich meine schönsten Tonstücke verdanke, aber in seiner Bescheidenheit hat mir dieser aufgetragen, nicht zu bekennen, wer er sei. Clara war es in jedem Fall nicht.«

Walter Scott*

»Der Weihnachtsmann ist immer emsig unterwegs und hat keine Muße, krank zu sein. Es gibt viele Geschichten über ihn, wie sie gewöhnlich auch über erfolgreiche Menschen erzählt werden.«

William Shakespeare

»Er kommt aus jenem unentdeckten Land, von des Bezirk kein Wandrer wiederkehrt. Ist er ein Mensch? Gott schuf ihn, also laßt ihn für einen Menschen gelten, wenn auch besonderer Art.«

Werner von Siemens*

»Als ich den funkensprühenden Schlitten sah, wurde mir schlagartig klar, daß man Electrizitaet durch Induction erzeugen kann. Es berührte mich peinlich, daß ich nicht früher auf diese simple Umwandlung von Energie gekommen war. Nach einer Woche war meine Dynamo-Maschine construiert, und sie produzierte electrischen Strom in beliebiger Menge.«

Angelus Silesius*

»Nicht nur unser Herr Jesus, sondern auch er überwand die Endlichkeit der Existenz.«

Sokrates*

»Hat jemand den Weihnachtsmann wirklich gesehen? Ja, es gibt Menschen, die dieses behaupten. Sind ihre Aussagen überprüfbar? Nein! Gibt es sonstige Belege für die Existenz des Weihnachtsmanns? Ja, nämlich Geschenke. Ist ihre Existenz überprüfbar? Ja. Müssen sie bei strenger Prüfung aber tatsächlich vom Weihnachtsmann stammen? Nein! Also ist der Weihnachtsmann bis zum Beweis des Gegenteils das Produkt einer erregten Einbildung.«

Sophokles

»Er ist edel im Maß, erhaben und anmutig zugleich in der Sprache.«

Madame de Staël*

»Lieber Freund, das Leben setzt sich aus tausend Details zusammen, und ein köstliches Detail haben Sie uns am Sonntag bereitet. Ihr überraschender Auftritt als Weihnachtsmann war eine fast perfekte Illusion. Sie waren es doch?! Jedenfalls meinte ich, Sie erkannt zu haben. Wenn Sie aber bei Ihrer Ehre versichern, daß Sie es nicht waren, kommt kein anderer in Betracht als der Weihnachtsmann selber, und dieses Detail wäre gewiß noch weitaus köstlicher.«

Jossif Stalin*

»Er ist nicht nur der ideelle Gesamtkapitalist, sondern der deutsche Faschist in Person. Hängt ihn auf und tilgt seine Erinnerung mit Feuer und Schwert! Seid wachsam gegenüber jenen, die ihn mit Väterchen Frost gleichsetzen wollen!«

Henry Morton Stanley*

»Am Kongo traf ich den Teufel in der Gestalt einer schwarzen Jungfrau. Um meine Ehre in jener schwülen Nacht nicht zu verlieren, bat ich sie, mir ein Märchen zu erzählen, und sie erzählte mir die Geschichte vom Weihnachtsmann. Da diese Legende in diesem unerforschten Teil der Welt noch nicht bekannt sein konnte, war ich auf der Hut und verließ den Ort im Morgengrauen.«

Rudolf Steiner

»So lernte ich den Weihnachtsmann persönlich kennen. Er war eine bezaubernde Persönlichkeit. Ein Augenpaar, das naiv in die Welt blickte, so milde, daß man das Gefühl hatte, dieser Blick müßte sich brechen, wenn die Schärfe des Denkens sich durch ihn durchdränge. Der konnte nur Sinnes-Eindrücke vertragen, nicht Gedanken, die sich in den Dingen und Vorgängen offenbaren. Jede Bewegung am Weihnachtsmann war darauf gerichtet, gelten zu lassen, was die Sinne aussprechen, nicht den beherrschenden Gedanken in ihr sich offenbaren zu lassen.«

»Unermeßlich reizvoll konnten die Gespräche sein, die man mit ihm führen durfte. Ich denke zurück und sehe mich mit ihm an einer Straßenecke, bei glühendster Sonnenhitze diskutierend, mehr als eine Stunde über Fragen, die ihn bewegten. Der Weihnachtsmann konnte in würdigster Art, keinen Augenblick die ruhige Haltung verlierend, über Dinge sprechen, bei denen andere sogleich in sichtbare Aufregung geraten... Er betonte scharf, was er zu sagen hatte; aber er tat es nie lautlich, sondern allein seelisch. Ich glaube, daß ihm diese Kunst, bei lautlich gleichmäßigem Hinfließen der Rede die Artikulation ganz im Seelischen zu halten, als Stil besonders eigen ist. Und mir scheint, daß er im Schreiben diese Eigenart zu seinem so reizvollen Stil umfassend ausgebildet hat.«

»... In solch widerspruchsvoller Art lebten zwei Wesen im Weihnachtsmann. Ein Mensch mit mildem, liebeerfülltem Natursinn und dahinter etwas wie ein Schattenwesen mit unvollendet gedachten, engumgrenzten Ideen, die Fanatismus atmeten. Wenn er sprach, dann ließ seine Milde den Fanatismus nur schwer sich in das Wort ergießen; es war, wie wenn naturgewollte Sanftheit ein verborgenes Dämonisches im Sprechen abstumpfte. Ein Menschenrätsel, das man nur lieben konnte, wenn man es sah; über das man oft in Zorn geraten konnte, wenn er urteilte.«

»Ich glaubte zu wissen, wie die übersinnliche Geistigkeit durch Menschen wirkt. Ich hatte einen Mann vor mir, dessen Seelenblick bis zu der schaffenden Geistigkeit reicht, der aber nicht das Eigenleben dieser Geistigkeit erkennend ergreifen will, sondern der in der Region verbleibt, wo sich im Menschen das Geistige als Phantasie auslebt.«

George Stephenson*

»Daher meine ich, daß es für den Weihnachtsmann von gebührlichem Vorteil wäre, wenn er sich meiner Dampflokomotive bedienen würde, denn diese ist in der Lage, größere Lasten zu ziehen. Der Nachteil, daß nur wenige Schienen liegen, wird in einigen Jahren nicht mehr bestehen. Was sind schon einige Jahre!«

Carl Sternheim*

»Ich liebe Überraschungen, aber als er plötzlich durch den Kamin gestürzt kam und keuchend in die mit Bedacht und Liebe arrangierten Geschenke hineinstolperte, hatte ich sofort das Gefühl, daß das zentrale Thema unserer Bekanntschaft nicht die Liebe sein würde. Mir gefallen Menschen, die nicht sofort alles zeigen, doch er wirkte auf mich wie jene plumpen, aber gleichwohl exzentrischen Snobs, die sich mit aufdringlicher Selbstsicherheit zur Schau stellen. Er wollte gleich seine Hose ausziehen, um den Ruß herauszuklopfen, aber das erschien mir als durchsichtiger Vorwand für etwas ganz anderes. Ich kann nicht beschreiben warum, aber ich habe es gleich gespürt. Nicht nur der Zeitpunkt für diese Aktion erschien mir unpassend, sondern deren Peinlichkeit an sich. Ich kenne die Männer, weil ich selber einer bin. Dann sagte er: ›Kann ich deine Brille haben, wenn du gestorben bist?‹ Das brachte das Faß zum Überlaufen. Ich schickte ihn fort, aber seither kommt er immer wieder. Vielleicht verliert er die Lust, wenn ich ihn oft genug beleidige. Sein Verhalten ist nicht von jener Art, die man akzeptieren muß, auch nicht bei größter Toleranz und höflichster Zurückhaltung.«

Adalbert Stifter

»Im Laufe des Nachmittags sagte der Weihnachtsmann zu mir: ›Es ist nie ein so schöner Spätherbst gewesen als heuer, meine Witterungsbücher weisen keinen solchen seit meinem Hiersein aus, und es sind alle Anzeichen vorhanden, daß dieser Zustand noch mehrere Tage dauern wird. Nirgends aber sind solche klaren Spätherbsttage schöner als in unseren nördlichen Hochlanden. Während nicht selten in der Tiefe Morgennebel liegen, ja der Strom täglich in seinem Tale morgens den Nebelstreifen führt, schaut auf die Häupter des Hochlandes der wolkenlose Himmel herab, und geht über sie eine reine Sonne auf, die sie auch den ganzen Tag hindurch nicht verläßt.

Darum ist es auch in dieser Jahreszeit in den Hochlanden verhältnismäßig warm, und während die rauhen Nebel in der Tiefgegend schon die Blätter von den Obstbäumen gestreift haben, prangt oben noch mancher Birkenwald, mancher Schlehenstrauch, manches Buchengehege mit seinem goldenen und roten Schmucke. Nachmittags ist dann gewöhnlich auch die Aussicht über das ganze Tiefland deutlicher als je zu irgend einer Zeit im Sommer. Ich habe daher beschlossen, heuer noch eine Reise in das Hochland zu machen, wie ich es in früherer Zeit schon in manchen Jahren getan habe. Die Entfernungen sind dort nicht so groß, und sollten sich die Vorboten melden, daß das Wetter sich zur Änderung anschicke, so kann ich jederzeit den Heimweg antreten‹.«

»Der Weihnachtsmann reichte mir als Gegengeschenk sehr schön gebunden und auf den Deckeln mit halberhabener Arbeit versehen das Nibelungenlied. Ich danke ihm sehr dafür.«

»Eines Tages, da ich selber einen weiten Weg gemacht hatte, und gegen Abend in das Rosenhaus zurückkehrte, sah ich, da ich von dem Erlenbache hinauf eine kürzere Richtung eingeschlagen hatte, auf bloßem Rasen zwischen den Feldern gegangen, auf der Höhe angekommen war, und nun gegen die Felderrast zuging, auf dem Bänklein, das unter der Esche derselben steht, eine Gestalt sitzen. Ich kümmerte mich nicht viel um sie und ging meines Weges, welcher gerade auf den Baum zuführte, weiter. Ich konnte, wie nahe ich auch kam, die Gestalt nicht erkennen; denn sie hatte nicht nur den Rücken gegen mich gekehrt, sondern war auch durch den größten Teil des Baumstammes gedeckt. Ihr Angesicht blickte nach Süden. Sie regte sich nicht und wendete sich nicht. So kam ich fast dicht gegen sie heran. Sie mußte nun meinen Tritt im Grase oder mein Anstreifen an das Getreide gehört haben; denn sie erhob sich plötzlich, wendete sich um, damit sie mich sähe, und ich stand vor dem Weihnachtsmann!

Kaum zwei Schritte waren wir voneinander entfernt. Das Bänklein stand zwischen uns. Der Baumstamm war jetzt etwas seitwärts. Wir erschraken beide. Ich hatte nämlich nicht – auch nicht im entferntesten – daran gedacht, daß der Weihnachtsmann auf dem Bänklein sitzen könne, und er mußte erschrocken sein, weil er plötzlich Schritte hinter sich gehört hatte, wo doch kein Weg ging, und weil er, da er sich umwendete, einen Mann vor sich stehen gesehen hatte. Ich mußte annehmen, daß er nicht gleich erkannt habe, daß ich es sei.

Ein Weilchen standen wir stumm einander gegenüber, dann sagte ich: ›Seid Ihr es, Weihnachtsmann, ich hatte nicht gedacht, daß ich Euch unter dem Eschenbaume sitzend finden würde‹.«

Theodor Storm

»Eine furchtbare Böe kam brüllend vom Meere herüber, und ihr entgegen stürmte das Gespann den schmalen Fußweg zum Deich hinan. Als sie oben waren, stoppte der Weihnachtsmann mit Gewalt die heilig erregten Hirsche. Aber wo war Jeverssand? Wo blieb das Ufer drüben? Nur Berge von Wasser sah er vor sich, die dräuend gegen den nächtlichen Himmel stiegen, die in der furchtbaren Dämmerung sich übereinander zu türmen suchten und übereinander gegen das feste Land schlugen. Mit weißen Kronen kamen sie daher, heulend, als sei in ihnen der Schrei alles furchtbaren Raubgetiers der Wildnis. Die Tiere schlugen mit den Vorderhufen und schnoben mit ihren Nüstern in den Lärm hinaus; den Weihnachtsmann aber wollte es überfallen, als sei hier die Welt zu Ende; als müsse jetzt die Nacht, der Tod, das Nichts hereinbrechen.«

Johann Strauß*

»Für den Erfolg eines Componisten bedarf es zweierlei: Er muß seine Meisterschaft an den größten Tondichtern schulen, aber zugleich dahin wirken, daß die Melodien dem gemeinen Bürger gefällig ins Ohr gehen und dessen Blut erhitzen. So bedachte Martin Luther sehr wohl die Schriften der führenden Theologen, schaute aber gleichzeitig dem Volk aufs Maul. Und ebenso beobachtet der Weihnachtsmann die Wohltätigkeit des Christkinds mit größter Aufmerksamkeit, wählt aber seine Geschenke nicht nach einer heiligen Wertschätzung aus, sondern nach den tatsächlichen Wünschen des einfachen Volkes.«

Richard Strauss*

»Eine Oper über den Weihnachtsmann? Bellini hatte dafür keinen Mut. Oder keine ausreichende Begabung? An beiden fehlt es mir gewiß nicht. Oder vielleicht lieber Salome als Opernstoff? Auch geeignet. Also gut: Weihnachtsmann Wappen, Salome Zahl. Zahl! Ergo Salome. Da-da-dam ... Den Kopf eines Mannes, der vom Rumpf getrennt ist ... da-da-dam ...«

Igor Strawinsky*

»Er wirkte zunächst ganz locker und bot mir eine Zigarre an. Aber dann sagte er: ›Ich merke nicht, wie die Jahre, Jahrzehnte und Jahrhunderte vergehen. Ich bin ein alter Mann und fühle mich ruhig und glücklich. Dennoch nähere ich mich mit jedem neuen Tag dem Tod‹. Ich war selber alt und konnte ihn irgendwie verstehen, empfand seinen ganzen Duktus aber als ziemlich wehleidig.«

August Strindberg*

»Er wirkte auf mich wie ein Hypochonder. Der Schnupfen machte ihn ganz verrückt, und er vergrößerte diese kleine Unpäßlichkeit durch konzentrierte Aufmerksamkeit. ›Ich fürchte, Ihre Einladung kommt im falschen Moment‹, sagte er, ›übrigens: Haben Sie den Eindruck, daß meine Beine zu dünn sind?‹ Ich kannte ihn erst seit fünf Minuten, aber ich hatte schon jetzt die Schnauze voll.«

Bertha von Suttner*

»Wenn man den gütigen Weihnachtsmann sieht, wie er die Kinder erfreut und friedlich stimmt, möchte man hoffen, daß die Welt ganz anders werden könnte.«

Emanuel Swedenborg

»Da nun das, was den Weihnachtsmann umgibt, in Übereinstimmung mit seinen Gefühlen und Gedanken ist und insofern eine Art von Universum bildet, als es aus Erdkörpern, Pflanzen und Tieren besteht, die ein repräsentatives Bild seiner Gefühle und Gedanken darstellen, so ist klar, wie die Alten dazu kamen, ihn mit dem Schöpfer zu verwechseln.«

Thomas von Aquin

»Die Gnade hebt die Natur nicht auf, sondern vollendet sie. Auch die Gaben des Weihnachtsmanns schaffen keine neue Welt, sondern ergänzen die bestehende. Diese Erkenntnis gewinnt man nicht durch spitzfindiges Philosophieren, sondern durch inneres Erleben. Vor dem, was ich innerlich erlebt habe, erscheint mir alles, was ich philosophiert habe, wie Spreu.«

Bertel Thorwaldsen*

»Ein großes Standbild des Weihnachtsmanns wäre gewiß das Höchste, das ein begabter Skulpteur in dieser Zeit schaffen könnte, doch dessen Ähnlichkeit mit dem deutschen Gartenzwerg macht es schier unmöglich, etwas Edles aus dem Stein zu schlagen. Michelangelo hat mit vollem Recht gesagt, daß die ideale Gestalt im Stein verborgen ist und vom Skulpteur nur noch freigehauen werden muß. Aber ich habe noch keinen Stein gesehen, in dem die Gestalt des Weihnachtsmanns in vollendetem Ausdruck verborgen war.«

Leo Tolstoi*

»So wie Jesus Christus Anhaltspunkte dafür hatte, daß er der Messias sei, zugleich aber daran zweifelte, habe ich Anhaltspunkte dafür, daß ich der Weihnachtsmann bin, zweifle aber daran.«

Evangelista Torricelli*

»Ich bin durch Fleiß und Ausdauer in einer geachteten Position, in der man sich freilich nicht ausruhen kann, sondern auf jedes Detail achten muß. Warum fliegt ein Vogel in der Luft?, gleichwohl er schwerer als diese ist, was leicht zu erkennen ist, wenn er sich auf einen dünnen Ast setzt und solchen herunterbiegt. Mit seinem Flügelschlag erzeugt der Vogel unter sich einen angemessen hohen Luftdruck, der ihn alsbald trägt. Warum aber fliegt der Weihnachtsmann mit seinem schweren Gefährt? Dies ist gewiß erstaunlich, und doch gibt es in der Welt der Physik keine Wunder, sondern nur unbekannte Gesetzmäßigkeiten. Es wird eine gewisse Zeit brauchen, um mit dem hellen Licht der wissenschaftlichen Erkenntnis auch in dieses dunkle Geheimnis hineinzuleuchten.«

Henri de Toulouse-Lautrec*

»Ich bin dem Weihnachtsmann nur einmal begegnet, am Montmartre. Aber ich war so betrunken, daß ich mir nicht mehr ganz sicher bin. Auf den ersten Blick sah er aus wie ein deutscher Kleinbürger. Plötzlich feuchtete er seine Lippen mit einer – wie mir schien – ziemlich dicken Zunge an und zwirbelte sich grazil durch die Drehtür des Moulin.«

Heinrich von Treitschke*

»Die Aufgabe des Historikers besteht weniger darin, Unbekanntes bekannt zu machen, als Bekanntes richtig zu deuten. Der Weihnachtsmann ist bekannt, aber er wurde noch nicht als historisches Subjekt interpretiert. Außer der Tatsache, daß er existiert, wissen wir über ihn nichts Verläßliches.«

Tschuang-Tse

»Der Geist der Wolken fuhr ostwärts durch den Luftraum, als er auf den Wei-man stieß. Dieser war damit beschäftigt, sich auf die Rippen zu klatschen und herumzuhüpfen. Der Wolkengeist war erstaunt, er trat ehrfürchtig zur Seite und fragte: ›Wer bist du, Alter, und was tust du hier?‹

›Schlendern!‹ antwortete der Wei-man und hüpfte

weiter. ›Ich möchte etwas wissen‹, sagte weiter der Wolkengeist. Der Wei-man hob den Blick, sah ihn an und sprach: ›Bah!‹ ›Die Gewalt des Himmels ist aus dem Einklang geraten, die Gewalt der Erde ist gefesselt‹, sagte der Wolkengeist, ›die sechs Einflüsse vertragen sich nicht miteinander, und die vier Jahreszeiten kümmern sich um keine Regel mehr. Ich wünsche die sechs Einflüsse so zu vermischen, daß sie alle lebenden Wesen ernähren. Was soll ich tun?‹

›Ich weiß nicht!‹ rief der Wei-man und schüttelte den Kopf, ohne mit dem Klatschen und Hüpfen aufzuhören; ›ich weiß nicht!‹

Der Wolkengeist konnte nicht weiterfragen. Als er aber drei Jahre danach ostwärts durch das Land Yu Sung fuhr, stieß er wieder auf den Wei-man. Er war hocherfreut, eilte heran und sagte: ›Hast du mich vergessen, o Himmlischer? Hast du mich vergessen, o Himmlischer?‹ Er verneigte sich zweimal zu Boden und bat, es möge ihm gewährt werden, den Wei-man zu befragen. Der aber sagte: ›Ich wandere, ohne zu wissen, was ich suche. Ich streife umher, ohne zu wissen, wohin ich gehe. Ich schlendere in dieser ausgelassenen Art vor mich hin und sehe zu, wie alles seinen Weg geht. Was sollte ich wissen?‹

›Auch ich streife umher‹, antwortete der Wolkengeist, ›aber die Menschen folgen allen meinen Bewegungen. So kann ich nicht vermeiden, ihr Lenker zu sein. Darum würde ich mit Freuden einen Rat empfangen.‹

›Daß die Ordnung der Welt gestört ist‹, sprach der Wei-man, ›daß die Bedingungen des Lebens verwirrt sind, daß der Wille des Himmels nicht wirkt, daß die Tiere des Feldes auseinandergetrieben sind, daß die Vögel in den Nächten schreien, daß Mehltau an Bäumen und Kräutern zehrt, daß Zerstörung sich breitet über alles, was auf der Erde kriecht: Das ist die Schuld des Regierens.‹

›Wohl wahr‹, sagte der Wolkengeist, ›aber was soll ich tun?‹

›Das ist es ja‹, rief der Wei-man, ›woraus das Böse kommt! Kehre um!‹

›Es geschieht nicht oft‹, wandte der Wolkengeist ein, ›daß ich dir begegne, o Himmlischer! Ich würde mit Freuden deinen Rat empfangen.‹

›Füttere denn dein Volk‹, sprach der Wei-man, ›mit deinem Herzen! Verharre im Nichtstun, und die Welt wird aus sich selbst gut sein. Gib deinen Leib auf. Speie deine Sinneskraft aus. Vergiß die Dinge. Werde eins mit dem Ungeschiedenen. Laß deinen Geist los. Mach deine Seele frei. Werde leer. Werde nichts. Laß alle Wesen zu ihrer Urbeschaffenheit heimkehren. Wenn sie es ohne Wissen tun, wird eine schlichte Reinheit daraus kommen, die sie nie verlieren werden; aber Wissen würde nur Abweichung bringen. Suche nicht die Namen und die Beziehungen der Dinge: Und alle Dinge werden aus sich selbst blühen.‹«

Kurt Tucholsky*

»Langsam rutscht das Licht über die Dachrinne und fällt polternd auf die Straße. Die Brücke beschützt ihren Schatten gegen den zähen Zug der Strömung. Hundert Füße treten auf dieselben Pflastersteine. Hundert Bürger haben denselben Gedanken: Wird es noch kälter? Wann werden die Tauben sagen: So, jetzt ist es aber genug! und in die Kaufhäuser fliegen? Wann wird der weiße Riese durch die Stadt toben? Wann werden die Schenkel der Hausfrauen endlich wärmer? Wann kommt der Weihnachtsmann mit seinen rettenden Strickwaren?«

»General Winter, Kommissar Zufall, Genosse Trend und der Weihnachtsmann trafen sich an Heiligabend. General Winter zauberte ein Schneegestöber. Kommissar Zufall würfelte eine Sechs. Genosse Trend sagte, daß die Sozialdemokraten am Ende seien. Der Weihnachtsmann wühlte in seinen Taschen und verteilte vier vertrocknete Lebkuchen.«

»Die Begegnung mit dem Weihnachtsmann war das erste, das in meinem Leben geklappt hat. Er entpuppte sich allerdings als das, was ich vermutet hatte: als ein bigotter deutscher Bourgeois. Jetzt kommt noch eine Information, für die sich eigentlich niemand interessiert. Ich teile sie Ihnen trotzdem mit: Er kratzte sich ständig, so daß ich folgerte, daß er entweder Flöhe hatte oder sich wieder einmal waschen sollte.«

Ludwig Uhland

»Wenn heut' ein Geist herniederstiege, es könnt kein andrer sein als der Weihnachtsmann. Nun muß sich alles, alles wenden!«

Lope de Vega*

»Ich sehe ihn, sobald ich die Augen schließe. Vorhang auf! Er gleicht einem kleinen Werwolf. Es scheint etwas Böses in ihm zu sein. Er fliegt auf einer schwarzen Wolke durch die Nacht.«

Diego Velazquez*

»Es ist eine hohe Gabe, die Einwirkung der freien Luft auf Figuren und Gegenstände zu erkennen. Daher rate ich allen Studiosi der schönen Künste, sich an der Gestalt des Weihnachtsmanns zu üben, denn er ist zugleich ein Luftwesen und dennoch von Fleisch und Blut. Wer eine artige Zeichnung des Weihnachtsmanns anfertigen kann, ist gewiß in der Lage, auch alle anderen Sujets angemessen auf das Papier zu bringen.«

Giuseppe Verdi*

»Es wird wieder Weihnachten, und ich darf es nicht versäumen, an den Weihnachtsmann zu schreiben. Dabei muß man jedoch allergrößte Vorsicht walten lassen, denn Wünsche werden meistens wahr, auch solche, die kaum erfüllbar erscheinen. Warum nicht, versuchen wir es! Ich wünsche mir, eine Oper zu komponieren, die in der ägyptischen Wüste uraufgeführt wird.«

Amerigo Vespucci*

»Hinter dem Horizont geht es immer weiter. Als ich im Süden der westindischen Inseln neues Land für den König von Spanien entdeckte, sah ich eines Nachts, wie ein Gespann von Osten kommend westwärts über den Himmel fuhr. Hinter dem Horizont verschwanden erst vier Hirsche, dann ein Schlitten und schließlich ein funkelnder Schweif von Kometenstaub. In der nächsten Nacht wiederholte sich das Schauspiel. Der Bootsmann Pedro de la Cruz und die gesamte Nachtwache waren Zeugen.«

Elisabeth-Louise Vigée-Lebrun*

»Er ist so weich, so warm, so zart!«

Rudolf Virchow*

»Ich habe es selber mit größter Aufmerksamkeit beobachtet: Wenn der Weihnachtsmann dem Kranken die Hand auflegte, mußte letzterer genesen, selbst wenn er es nicht wollte, weil er sich von der Pflege im Hospital einen größeren Gewinn versprach als von der Wiederherstellung seiner Gesundheit.«

Walther von der Vogelweide*

»wi de fürste kum de weinachtsman minniglicht voran. liblich in di red, gewaltig in di lend zwengt er wi im flug di hertzen als di laibe de hohen frowen.«

Alessandro Volta*

»Als der Weihnachtsmann mich mit seiner Hand berührte, verspürte ich auf meiner Haut eine feine electrische Empfindung. Sie mochte daher rühren, daß die Kufen des Schlittens durch die Reibung magnetisch erregt waren und das gesamte Gefährt einschließlich des Weihnachtsmanns mit dieser Energie geladen hatten.«

François Marie Voltaire

»Der Weihnachtsmann beschenkt uns, damit wir uns amüsieren. Alles übrige zu erwarten, ist platt und scheußlich und erbärmlich.«

»Jede Gabe, die Mittel und Zweck erkennen läßt, kündet von einem Geber; so deuten alle Gaben auf einen allmächtigen Geber.«

»Ich wundere mich, daß man unter den vielen überstiegenen Beweisen für das Dasein des Weihnachtsmanns noch nicht darauf verfallen ist, das Vergnügen als Beweis anzuführen. Das Vergnügen ist ein unzweifelhaftes Geschenk, und ich bin der Meinung, daß jedermann, der guten Tokaier trinkt, der eine schöne Frau küßt, mit einem Wort, der angenehme Empfindungen hat, auch die Wohltätigkeit des Weihnachtsmanns anerkennen muß.«

»Es ist nicht erstaunlicher, vom Weihnachtsmann zweimal beschenkt zu werden als einmal.«

Richard Wagner

»Edler Weihnachtsmann, beginne!, blicke ich umher in diesem edlen Kreise, O Du mein holder Abendstern … alle Gaben werden gerecht verteilt … Nun sei gedankt dem heiligen Mann … Was deutsch und echt ist, ich wüßte keinen Besseren.«

George Washington*

»Im Verlaufe unserer Begegnung wurde mir der Weihnachtsmann mehr und mehr unsympathisch. Er schien zunächst preußisch auf seine Art, aber darunter verbarg er eine britische Arroganz, die mir von jeher verhaßt war. Ich hatte es im Laufe meines Lebens gelernt, das Böse hinter einer gefälligen Maske zu erkennen.«

James Watt*

»Der Weihnachtsmann wäre gut beraten, auf seine Hirsche zu verzichten und sein Gefährt mit einer modernen Kolbenkraft-Dampfmaschine zu versehen. Es mag zwar noch einer technischen Intuition bedürfen, wie die Kraft der Kolben auf die Räder übertragen werden kann, aber wenn es Gott mir vergönnt, möchte ich diesen Fortschritt noch selber in die Tat umsetzen. Wir wissen bereits, daß die Reibungsverluste eines Schlittens größer sind als eines Wagens mit Rädern, zwar nicht unbedingt auf eiskaltem Schnee, wohl aber im Durchschnitt der Jahreszeiten.«

Karl Maria von Weber

»Ich komme zu dem, was mich zu bevorstehender Ergießung verleitet. Es ist die Bemerkung: Da der Weihnachtsmann im guten Sinne deutsch ist, ist ihm vorzugsweise der wahre Eifer eigen, im stillen die Sache um ihrer selbst willen zu tun, und zwar bis zum vollendeten Abschluß. Nichts halb zu tun, ist edler Geister Art.«

Frank Wedekind*

»Hinter dem Bösen sucht er das Gute, aber dort ist es nicht. Es ist nirgendwo. Allenfalls gibt es Böses, das sich als Gutes verstellt, aber um das zu erkennen, ist der Alte weder intelligent genug noch ausreichend mißtrauisch.«

Franz Werfel*

»Er stand winkend auf der Straße. Ich hielt an und fragte ihn, ob er Hilfe brauche. Ohne zu antworten, sprang er auf die Haube und saugte sich mit seinen dicken Lippen an der Frontscheibe fest. Von innen, wo ich saß, sah diese Stelle aus wie der Querschnitt durch eine See-Anemone. Es gelang mir nicht, ihn abzuschütteln; weder mit ruckartigen Kurven noch mit plötzlichem Bremsen. Da kam mir die Idee, zu einer Polizeiwache zu fahren. Als ich dort ankam, sprang er ab, lief durch die Tür und warf nach beiden Seiten Weihnachtsgebäck in die Räume. Das hatte ich nicht erwartet, der Weihnachtsmann! Bedrückt fuhr ich weiter. Bis heute ist es mir allerdings nicht gelungen, den schleimigen Abdruck seiner Lippen zu entfernen, weder mit einem scharfen Messer noch mit Ammoniak.«

»Die Vergangenheit ist vorbei und existiert nicht mehr, aber wir haften an ihr mit unsichtbaren elastischen Bändern, und je weiter wir voranschreiten, um so mehr werden die Bänder gespannt. Jeder Schritt erfordert daher mehr Kraft, und wer nicht mehr genug Kraft hat, wird plötzlich mit einem gewaltigen Ruck in die Vergangenheit gezogen, ganz weit, vor die Geburt. Jeder Künstler dehnt die Bänder bis zum Äußersten, unbeirrt schreitet er voran, seiner Bestimmung entgegen, und er weiß nicht, daß dort der Tod sitzt und auf ihn wartet. Dieser heilt dann seine verwundete Seele. Manchmal assistiert ihm dabei der Weihnachtsmann.«

»Ich sah ihn in einem großen Kaufhaus, wo er sich von Kindern Weihnachtsgedichte aufsagen ließ. Die Eltern standen amüsiert daneben. Der bigotte alte Kerl zog alle Register. Ich wußte als einziger, daß er wirklich der Weihnachtsmann war.«

Christoph Martin Wieland

»Mit einem schwarzen Augenpaar,
Zaubernden Augen voll Götterblicken,
Gleich mächtig zu töten und zu entzücken,
So trat er unter uns, herrlich und hehr,
Ein echter Geisterkönig, daher!«

»Was soll ich von denen sagen, welche ... den Weihnachtsmann gleichwohl tiefer, als billig ist, herabsetzen, weil sie den Kontrast, den sein Charakter und Betragen mit demjenigen des Heiligen Nikolaus macht, lebhafter als andere fühlen und darüber zu vergessen scheinen, daß Geister von so verschiedener Art gar nicht gegenübergestellt werden sollten ...«

»Ist es aber denn so ausgemacht, daß ein rechtschaffener Mann in einem solchen turbulenten Zustande der christlichen Republik notwendig Partei nehmen müsse? Ist es nicht genug, wenn er immer auf die Seite sich neigt, wo er die meiste Billigkeit, Mäßigung und Lauterkeit sieht? Ist es nicht Weisheit, sich in einer freien Wirksamkeit zu erhalten, solange man hoffen kann – und wer kann gleich sagen, wie lange dies zu hoffen ist? –, daß Ruhe und Ordnung unter gemeinnützlichen Bedingungen, noch ohne Bürgerkrieg und Auflösung aller Bande, des gemeinen Wesens wiederhergestellt werden könnten? Und ist es nicht aufs wenigste erlaubte Klugheit und Selbsterhaltung, zumal bei einem bloßen Reisenden, der keinen verpflichtenden Beruf weder zum Steuerruder noch zur Pumpe hat, sich zurückzuziehen, wenn es so weit gekommen ist, daß wir zwar wohl mit zugrunde gehen können, aber das Schiff zu erhalten keine Hoffnung mehr haben?«

Oscar Wilde*

»Manchmal trifft das Schicksal eine Entscheidung, und wir werden nicht gefragt. Er trat herein, als ich im Zuber lag. Ich rückte etwas zur Seite und bot ihm an, das Bad mit mir zu teilen. Ich tat es, um etwas zu erleben, an das ich mich später erinnern könnte. Seine Haut war so weiß wie der Schnee auf seinen Stiefeln.«

Wilhelm II.*

»Was deutsch ist? Der große Friedrich, das Elsaß, der Kartoffelauflauf, die kaiserliche Marine und der Weihnachtsmann. Wir halten dafür, daß letzterer das Deutschtum vielleicht in vollkommenster Ausprägung verkörpert: Festigkeit in Gott, Manneszucht, Pünktlichkeit, Großmut, Strenge, Gemütstiefe, Tierliebe und der von keiner Kleingläubigkeit getrübte Drang zur geschichtlichen Größe.«

Ludwig Wittgenstein*

»Die sogenannte Welt ist nichts als die Summe aller Tatsachen. Vieles spricht jedoch dafür, daß wir nicht alle Tatsachen kennen. Möglicherweise gibt es noch eine andere, unbekannte und rätselhafte Welt. Zu dieser könnte der Weihnachtsmann gehören. Seine Existenz können wir also nicht ausschließen.«

»Was über den Weihnachtsmann gesagt und geschrieben wurde, ist nicht notwendigerweise falsch, aber unbewiesen. Hier bewegen wir uns im Bereich der Spekulation, der Phantasie und der Beliebigkeit.«

»Selbst wenn der Weihnachtsmann tatsächlich existieren würde, würde dies an der grundsätzlichen Fragwürdigkeit der philosophischen Erkenntnis nichts ändern.«

Wilbur Wright*

»Mit meinem Motorflugapparat habe ich einer zuschauenden Menge bewiesen, daß ein Luftfahrzeug aus eigener Kraft, ohne die Verwendung eines Ballons und ohne die Nutzung günstiger Winde auf jedem beliebigen Kurs fliegen kann. Was den Weihnachtsmann anbelangt, so glaube ich nicht, daß er mit seinem Fahrzeug tatsächlich fliegen kann.«

Zenon, der Jüngere

»ER ist ein unsterbliches, mit Vernunft und Geist begabtes Lebewesen, vollkommen in seiner Glückseligkeit, unzulänglich für alles Schlechte, vorsorgend für die Welt und für das, was in der Welt ist. Der Mensch ist empfangend, und ER ist spendend, aber der Mensch ist über die Tugend mit IHM verwandt.«

Stefan Zweig*

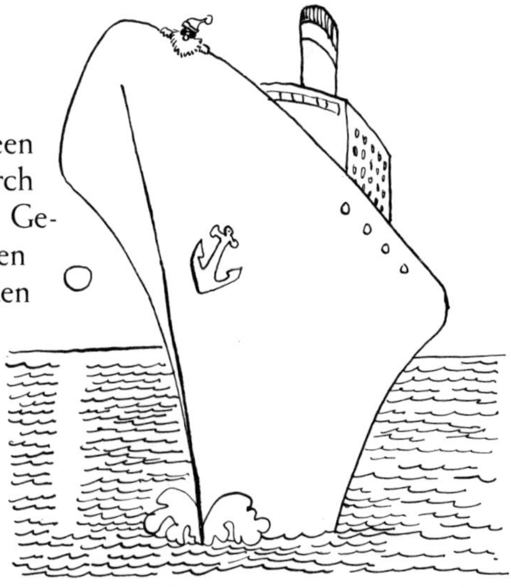

»Die Atlantik Queen stampft schwer durch die schwarze See. Gefangene Gedanken lösen sich aus den Wellen, schlagen gegen die Bordwand, glühen auf wie Elmsfeuer, durchdringen für einen Augenblick die materielle Welt und formen sie zu einer anderen Wirklichkeit. Ich stehe auf dem Achterdeck und taste mich hinunter in die Geheimnisse des unendlichen Ozeans. Ich bin so sensibel, daß mich alles aufs höchste erregt. Gestern war das Wasser noch grünlich-grau, aber jetzt wird es nach und nach dunkelblau. Es ist eine wunderbare und geheimnisvolle Welt, in der das große Gedächtnis aller Zeitalter versunken ist.

Hier oben fließt man leicht zwischen dem Diesseits und dem Jenseits hin und her. Man atmet die große Nacht ein und aus und verliert die Angst vor dem Leben wie vor dem Tod. Nur in dieser Stimmung, denke ich, kann man dem Weihnachtsmann begegnen.«

»Brasilien, so sagte mir der französische Botschafter, sei das Grab des weißen Mannes. Solche Gräber gibt es auf der ganzen Welt, aber dieses ist wohl das schönste. Huren, Rum und gelbes Fieber: Der Tod in den Tropen ist heiß und feucht; er zieht dich aus der schnellen Fäulnis im Sarg direkt in die Wurzeln der Bäume, und der schwüle Wind weht dich von ihren Blättern direkt in den Leib der jungen Weiber. So wirst du, kaum daß du dich versiehst, ein kleiner Mulatte. Diese rasche Verwandlung blieb übrigens auch dem Weihnachtsmann nicht erspart. Am Halsansatz und an den Handgelenken sieht man deutlich, daß seine dunkle Hautfarbe nicht von der starken Sonneneinstrahlung, sondern von der starken genetischen Kraft dieses Volkes herrührt.«

Nachwort

Als der Umbruch dieses Buchs bereits abgeschlossen war, hat mich ein Fachkollege auf eine Fundstelle aufmerksam gemacht, die ich als ausreichend bedeutend erachte, um sie an dieser Stelle nachzutragen:

Oswald Spengler

»Der Weihnachtsmann, eminent historisch veranlagt und mit urweltlicher Leidenschaft nach dem Unendlichen drängend, empfindet die Vergangenheit und Zukunft als seine *ganze* Welt, und die Gegenwart, die mit dem wachen Bewußtsein identisch ist, erscheint ihm lediglich als die schmale Grenze zwischen zwei unermeßlichen Fernen.«

Quellen und weiterführende Literatur

Abels, Norbert, Franz Werfel. Reinbek 1990

Balzac, Honoré de, Die Suche nach dem Absoluten. Berlin/Weimar 1986

Biemel, Walter, Martin Heidegger. Reinbek 1973, 1983

Böll, Heinrich, Wo warst du, Adam? Köln 1989

Buber, Martin (Hrsg.), Reden und Gleichnisse des Tschuang-Tse, Frankfurt 1912, 1979

Clark, Kenneth, Leonardo da Vinci. Reinbek 1969

Dostojewski, Fjodor, Schuld und Sühne. Berlin/Weimar 1988

Eichendorff, Joseph von, Novellen und Gedichte. München/Zürich 1952

Fromm, Erich, Haben oder Sein. Stuttgart 1976

Gail, Anton J., Erasmus von Rotterdam. Reinbek 1974, 1994

Gedenkschrift zum 400. Todestag des Erasmus von Rotterdam. Hrsg. von der Historischen und Antiquarischen Gesellschaft zu Basel. Basel 1936

Goethe, Johann Wolfgang von, Italienische Reise. München 1957

Gogh, Vincent van, Feuer der Seele. Frankfurt/M. 1990

Häussermann, Ulrich, Friedrich Hölderlin. Reinbek 1961, 1987

Hemleben, Johannes, Galileo Galilei. Reinbek 1969, 1989

ders., Rudolf Steiner. Reinbek 1963, 1990

Hesse, Hermann/Isenberg, Karl (Hrsg.), Novalis. Frankfurt/M. 1925, 1976

Holthusen, H.E., Rainer Maria Rilke. Reinbek 1958

Jung, C.G., Der Mensch und seine Symbole. Olten/Freiburg 1988

Krell, Leo/Fiedler, Leonhard, Deutsche Literaturgeschichte. Bamberg 1963

Lao-tse, Tao-Tê-King. Stuttgart 1961

Lenin, W.I., Marx, Engels, Marxismus. Moskau 1947

Leonhard, Kurt, Paul Cézanne. Reinbek 1966, 1987

Lessing, Gotthold Ephraim, Minna von Barnhelm, Hamburg o.J.

Lorenz, Konrad, Das sogenannte Böse. Wien 1963, München 1983

Das Mao Tse-Tung-Brevier. Der Katechismus der 700 Millionen. 1967

Nabokov, Vladimir, Lolita. Roman. Reinbek 1959, 1989, 1995

Neruda, Pablo, Aufenthalt auf Erden. Darmstadt/Neuwied 1983
Nietzsche, Friedrich, Der Antichrist. Frankfurt/M. 1986
Riedl, Peter Anselm, Wassily Kandinsky. Reinbek 1983, 1987
Rohde, Peter P., Sören Kierkegaard. Reinbek 1959, 1990
Salber, Linde, Lou Andreas-Salomé. Reinbek 1990
Sartre, Jean-Paul, Die ehrbare Dirne. Das Spiel ist aus. Im Räderwerk. Hollfeld 1984
Scheible, Hartmut, Arthur Schnitzler, Reinbek 1976, 1988
Schiele, Egon, Ich ewiges Kind. Wien 1985
Schlögl, Hermann A., Ramses II.. Reinbek 1993
Schneede, Uwe M., René Magritte. Köln 1973, 1978
Spengler, Oswald, Der Untergang des Abendlandes. München 1927, 1969, 1989
Steinbach, Dietrich (Hrsg.), Expressionismus. Lyrik Bearb. von Wilhelm Große. Stuttgart 1980, 1984
Stifter, Adalbert, Der Nachsommer. München 1977, 1984
Wehowsky, Stephan (Hrsg.), Die Welt der Religionen. München 1991
Weischedel, Wilhelm, Die philosophische Hintertreppe. München 1966, 1973, 1994
Wittkop-Ménardeau, Gabrielle, E.T.A. Hoffmann. Reinbek 1966, 1989
Wöhlcke, Manfred, Analyse der afro-brasilianischen Kulte unter dem Aspekt interethnischer Marginalität. Erlangen 1969
ders., Hier hilft keiner dem anderen. Manfred Wöhlcke über Hubert Fichtes ›Xangô‹. In: Der Spiegel, 4.10.1976, S. 223 ff.
ders., Tohuwabohu und Saudade. Tagebuch eines Psychonauten, München 1988
ders., Götterfamilien. In: Wehowsky, Stephan (Hrsg.), Die Welt der Religionen. München 1991, S. 57 ff.
ders., Soziale Entropie. Die Zivilisation und der Weg allen Fleisches. München 1996
Zeller, Bernhard, Hermann Hesse. Reinbek 1988
Zweig, Stefan, Triumph und Tragik des Erasmus von Rotterdam. Leipzig 1935, Frankfurt/M. 1950, 1958, 1993

Personenregister

Aesop	6. Jh. v.Chr.	Griechischer Fabeldichter
Alexander der Große	356-323 v.Chr.	König von Makedonien und Hegemon des Korinthischen Bundes
Alkibiades	450-404 v.Chr.	Athenischer Staatsmann
Altdorfer, Albrecht	1480-1538	Regensburger Maler
Ampère, André Marie	1775-1836	Französischer Mathematiker und Physiker
Amundsen, Roald	1872-1928	Norwegischer Polarforscher
Andersen, Hans Christian	1805-1875	Dänischer Dichter
Andreas-Salomé, Lou	1861-1937	Schriftstellerin und Psychotherapeutin
d'Arc, Jeanne	1410-1431	Legendäre Anführerin der französischen Truppen gegen die Engländer
Aristoteles	384-322 v.Chr.	Griechischer Philosoph
Arndt, Ernst Moritz	1769-1860	Führender Vertreter der national bürgerlichen Bewegung in Deutschland
Aurel, Marc	121-180	Römischer Kaiser und Philosoph

Bach, Johann Sebastian	1685-1750	Deutscher Komponist des Barock (›g-moll-Messe‹, ›Matthäus-Passion‹)
Balzac, Honoré de	1799-1850	Französischer Romancier (›La Comédie humaine‹)
Beethoven, Ludwig van	1770-1827	Deutscher Komponist der Klassik (9 Symphonien, Klavier- und Kammerwerke, Oper ›Fidelio‹)
Bellini, Vincenzo	1801-1835	Italienischer Opernkomponist (›Norma‹)
Benjamin, Walter	1892-1940	Deutscher Schriftsteller und Kulturkritiker
Benn, Gottfried	1886-1956	Deutscher Arzt und Dichter des Expressionismus
Berlioz, Hector	1803-1869	Französischer Komponist (›Benvenuto Cellini‹, ›Romeo et Juliette‹)
Billy the Kid	19. Jahrhundert	Amerikanischer Abenteurer
Bingen, Hildegard von	1089-1179	Deutsche Nonne und Mystikerin
Bismarck, Otto Fürst von	1815-1898	Deutscher Reichskanzler
Bizet, Georges	1838-1875	Französischer Opernkomponist (›Carmen‹)
Böcklin, Arnold	1827-1901	Deutscher Maler der Spätromantik und des Symbolismus (›Toteninsel‹)

Böll, Heinrich	1917-1985	Deutscher Schriftsteller (›Ansichten eines Clowns‹)
Bonaparte, Napoleon	1769-1821	Französischer Kaiser
Bond, James	20. Jahrhundert	Britischer Agent
Brahe, Tycho de	1546-1601	Dänischer Astronom
Brahms, Johannes	1833-1897	Deutscher Komponist der Spätromantik (›Ein deutsches Requiem‹)
Brecht, Bert	1889-1956	Deutscher Dramatiker und Dichter (›Dreigroschenoper‹, ›Mutter Courage und ihre Kinder‹)
Brehm, Alfred	1829-1884	Deutscher Zoologe
Büchner, Georg	1813-1837	Frühsozialistischer Dichter der deutschen Romantik (›Woyzeck‹)
Bukowski, Charles	1920-1994	Amerikanischer Schriftsteller der städtischen Subkultur (›Notes of a Dirty Old Man‹)
Caesar, Julius	100-44 v.Chr.	Römischer Feldherr und Kaiser
Calderón de la Barca, Pedro	1600-1681	Spanischer Bühnenschriftsteller (›Das Leben ein Traum‹)
Casanova, Giacomo	1725-1798	Italienischer Schriftsteller, Philosoph, Abenteurer und Frauenheld

Cervantes, Miguel de	1547-1616	Spanischer Schriftsteller (›El ingenioso hidalgo Don Quijote de la Mancha‹)
Cézanne, Paul	1839-1906	Französischer Maler des Impressionismus
Chamisso, Adelbert von	1781-1838	Dichter der deutschen Romantik (›Peter Schlemihl's wundersame Geschichte‹)
Chopin, Frédéric	1809-1849	Polnisch-französischer Komponist und Pianist
Cook, James	1728-1779	Britischer Entdeckungsreisender und Admiral
Corneille, Pierre	1606-1684	Französischer Dramatiker; Begründer des klassischen Schauspiels (›Le Cid‹, ›Polyeucte‹)
Corot, Camille	1796-1875	Französischer Landschaftsmaler
Cranach, Lukas	1472-1553	Deutscher Maler und Holzschneider der Renaissance
Cuvier, Georges	1769-1832	Französischer Naturforscher auf dem Gebiet der vergleichenden Anatomie
Daguerre, Louis	1789-1851	Erfinder der Photographie auf der Basis iodierter Silberplatten

Dante Alighieri	1265-1321	Italienischer Dichter (›Divina Commedia‹)
Defoe, Daniel	1660-1731	Englischer Schriftsteller (›The life and strange adventures of Robinson Crusoe‹)
Delacroix, Eugène	1798-1863	Französischer Maler
Demosthenes	383-322 v.Chr.	Politischer Redner in Athen
Descartes, René	1596-1650	Französischer Philosoph und Mathematiker
Dickens, Charles	1812-1870	Englischer Romancier (›David Copperfield‹)
Dix, Otto	1891-1969	Deutscher Maler des Expressionismus, Dadaismus und Kubismus
Dostojewski, Fjodor	1821-1881	Russischer Romancier (›Schuld und Sühne‹, ›Der Idiot‹, ›Die Brüder Karamasow‹)
Dracula, Graf	1436-1447, 1448, 1456-1462	Transsylvanischer Vampir
Drais, Karl von	1785-1851	Deutscher Oberförster und Erfinder des Fahrrads
Dürer, Albrecht	1471-1528	Maler der deutschen Renaissance
Dunant, Henri	1828-1910	Gründer des Roten Kreuzes

Edison, Thomas Alva	1847-1931	Amerikanischer Elektrotechniker und vielseitiger Erfinder
Ehrlich, Paul	1854-1915	Deutscher Serumforscher; entwickelte die Behandlung der Syphilis mit Salvarsan
Eichendorff, Joseph von	1788-1857	Dichter und Romancier der deutschen Romantik (›Aus dem Leben eines Taugenichts‹)
Eliot, Thomas Stearus	1888-1965	Englischer Dramatiker (›Murder in the cathedral‹)
Erasmus von Rotterdam	1466-1536	Niederländischer Humanist und Gelehrter
Eulenspiegel, Till	14. Jahrhundert	Norddeutscher Schalk
Euler, Leonhard	1707-1783	Schweizer Mathematiker
Euripides	480-406 v.Chr.	Griechischer Dramatiker (›Iphigenie in Aulis‹)
Fichte, Johann Gottlieb	1762-1814	Deutscher Philosoph
Flüe, Nikolaus von der	1417-1487	Einsiedler und Friedensstifter zwischen den Eidgenossen
Fontane, Theodor	1819-1898	Deutscher Schriftsteller (›Effi Briest‹)

Franklin, Benjamin	1706-1790	Führende Persönlichkeit während der Staatsgründung in den USA; Erfinder des Blitzableiters
Freiligrath, Ferdinand	1810-1876	Romantischer und politischer Dichter (›Löwentritt‹)
Freud, Sigmund	1856-1939	Österreichischer Arzt und Begründer der Psychoanalyse
Friedrich II., »der Große«	1712-1786	König von Preußen
Fromm, Erich	1900-1980	Deutscher, in die USA emigrierter Psychoanalytiker (›Die Kunst des Liebens‹, ›Haben oder Sein‹)
Fugger II., Jakob	1459-1525	Augsburger Bankier und Kaufmann
Galilei, Galileo	1564-1642	Italienischer Physiker und Astronom; Verfolgter der Inquisition
García Lorca, Federico	1898-1936	Spanischer Lyriker und Dramatiker (›Bodas de sangre‹)
Gellert, Christian F.	1715-1769	Volkstümlicher deutscher Dichter
George, Stefan	1868-1933	Deutscher Dichter
Gershwin, George	1898-1937	Amerikanischer Musical-Komponist (›Porgy and Bess‹)

Gide, André	1869-1951	Französischer Schriftsteller
Gluck, Christoph Willibald von	1714-1787	Opernkomponist (›Orpheo ed Euridice‹, ›Iphigénie en Aulide‹)
Goethe, Johann Wolfgang von	1749-1832	Deutscher Dichter und Dramatiker (›Iphigenie auf Tauris‹, ›Torquato Tasso‹, ›Faust‹)
Gogh, Vincent van	1853-1890	Niederländischer Maler des Impressionismus
Gogol, Nikolai W.	1809-1852	Russischer Romancier und Bühnendichter (›Der Revisor‹)
Gorki, Maxim	1868-1936	Russischer Romancier und Bühnendichter (›Nachtasyl‹)
Grimmelshausen, Hans Jacob Christoph von	um 1621-1676	Deutscher Schriftsteller (›Der Abentheuerliche Simplicissimus Teutsch‹)
Guericke, Otto von	1602-1686	Deutscher Physiker, Erfinder der Luftpumpe und des Manometers
Gutenberg, Johannes	1397-1468	Erfinder der Buchdruckerkunst
Händel, Georg Friedrich	1685-1759	Deutscher Komponist und Hofkapellmeister in London (›Messias‹, ›Judas Makkabäus‹)
Hals, Frans	zw. 1581 und 1585-1666	Niederländischer Maler

Hardenberg, Friedrich von (»Novalis«)	1772-1801	Deutscher Dichter der Romantik (›Hymnen an die Nacht‹)
Hauff, Wilhelm	1802-1827	Romantischer Schriftsteller und Märchendichter
Haydn, Joseph	1732-1809	Österreichischer Komponist (›Die Schöpfung‹, ›Die Jahreszeiten‹)
Hebel, Johann Peter	1760-1826	Deutscher Heimatdichter (›Alemannische Gedichte‹)
Hegel, Georg Wilhelm Friedrich	1770-1831	Deutscher Philosoph (›Die Phänomenologie des Geistes‹)
Heidegger, Martin	1889-1976	Deutscher Philosoph (›Sein und Zeit‹)
Heine, Heinrich	1797-1856	Romantischer und politischer deutscher Dichter (›Deutschland, ein Wintermärchen‹)
Heinrich der Löwe	1142-1180	Herzog von Sachsen und Bayern
Helmholtz, Hermann	1821-1894	Deutscher Physiker und Physiologe; Forschungen über Auge, Ohr, Nerven und Auge, Erfinder des Augenspiegels
Hemingway, Ernest	1899-1961	Amerikanischer Schriftsteller (›For whom the bell tolls‹)

Henlein, Peter	1480-1542	Schlosser, Erfinder der Taschenuhr
Herder, Johann Gottfried	1744-1803	Deutscher Schriftsteller und Gelehrter
Herwegh, Georg	1817-1875	Revolutionärer Schriftsteller
Hesse, Hermann	1877-1962	Schriftsteller und Philosoph (›Der Steppenwolf‹, ›Demian‹)
Hodler, Ferdinand	1853-1918	Schweizer Maler
Hölderlin, Friedrich	1770-1843	Dichter der deutschen Romantik (›Hyperion‹)
Hoffmann, E.T.A.	1776-1822	Schriftsteller und Komponist (›Meister Floh‹)
Hokusai	1759-1849	Japanischer Graphiker und Holzschneider
Holbein, Hans (»der Jüngere«)	1497-1543	Deutscher Portraitmaler der Renaissance
Homer	ca.850-800 v.Chr.	Epischer Dichter der Antike (›Ilias‹, ›Odyssee‹)
Hood, Robin	14. Jahrhundert	Englischer Bandit
Horaz	65-8 v.Chr.	Römischer Liederdichter
Hugo, Victor	1802-1885	Französischer Dichter und Romancier (›Notre-Dame de Paris‹)

Huizinga, Johan	1872-1945	Niederländischer Kulturhistoriker
Humboldt, Alexander von	1769-1849	Deutscher Naturforscher und Geograph
Hume, David	1711-1776	Englischer Philosoph und Historiker
Ibsen, Henrik	1828-1906	Norwegischer Schriftsteller und Dramatiker (›Die Wildente‹, ›Rosmersholm‹)
Jean Paul (eigentlich: Johann Paul Friedrich Richter)	1763-1825	Deutscher Schriftsteller (›Titan‹)
Jenner, Edward	1749-1823	Englischer Arzt und Pionier des Impfwesens
Jung, Carl Gustav	1875-1961	Schweizer Psychologe und Psychiater
Kafka, Franz	1883-1924	Österreichischer Schriftsteller (›Das Labyrinth‹, ›Amerika‹, ›Das Schloß‹)
Kandinsky, Wassily	1866-1944	Russischer Maler und Graphiker
Kant, Immanuel	1724-1804	Deutscher Philosoph (›Kritik der reinen Vernunft‹)
Keller, Gottfried	1819-1890	Schweizer Dichter und Erzähler (›Der grüne Heinrich‹)
Kepler, Johannes	1571-1630	Deutscher Mathematiker und Astronom

Kierkegaard, Sören	1813-1855	Dänischer Theologe und Philosoph
Klabund (Alfred Henschke)	1890-1928	Deutscher Lyriker, Romancier und Bühnendichter – (›Der Kreidekreis‹)
Kleist, Heinrich von	1777-1811	Dramatiker und Erzähler der deutschen Romantik (›Prinz Friedrich von Homburg‹, ›Michael Kohlhaas‹)
Kneipp, Sebastian	1821-1897	Katholischer Geistlicher und Naturheilkundiger
Koch, Robert	1843-1910	Bakteriologe, Entdecker des Tuberkelbazillus
Kolping, Adolf	1813-1865	Sozial engagierter deutscher Theologe
Kolumbus, Christoph	1446-1506	Genueser Seefahrer und Entdecker Amerikas
Kopernikus, Nikolaus	1473-1543	Polnischer Astronom
Kraus, Karl	1874-1936	Österreichischer Schriftsteller und Literaturkritiker
Kropotkin, Pjotr Fürst	1842-1921	Russischer Revolutionär
La Fontaine, Jean de	1621-1695	Französischer Erzähler und Fabeldichter
Lagerlöf, Selma	1858-1940	Schwedische Dichterin (›Wunderbare Reise des kleinen Nils Holgersson mit den Wildgänsen‹)

Laplace, Pierre Simon	1749-1827	Französischer Mathematiker und Astronom
Lao-tse	4.-3. Jahrhundert v. Chr.	Chinesischer Philosoph; Verfasser des ›Tao-te-king‹
Lasker-Schüler, Else	1869-1945	Dichterin des deutschen Expressionismus
Lavoisier, Antoine	1743-1794	Französischer Chemiker
Lehár, Franz	1870-1948	Österreichischer Operettenkomponist (›Die lustige Witwe‹, ›Zarewitsch‹)
Leibniz, Gottfried Wilhelm	1649-1716	Deutscher Philosoph, Mathematiker und Physiker
Lenau, Nikolaus	1802-1850	Dichter der deutschen Romantik
Lenin, Wladimir Iljitsch	1870-1924	Russischer Revolutionär und Staatsmann
Lenz, Jakob Michael Reinhold	1751-1792	Bedeutender Vertreter des »Sturm und Drang« (›Die Soldaten‹)
Leonardo da Vinci	1452-1519	Maler, Bildhauer, Ingenieur, Baumeister und Dichter der italienischen Renaissance
Lesseps, Ferdinand	1805-1894	Französischer Ingenieur; Erbauer des Suez-Kanals
Lessing, Gotthold Ephraim	1729-1781	Deutscher Dichter, Dramatiker und Kritiker (›Minna von Barnhelm‹, ›Nathan der Weise‹)

Lincoln, Abraham	1809-1865	Präsident der USA während des Sezessionskriegs
Linné, Karl von	1707-1778	Schwedischer Naturforscher; Begründer der Systematik der Pflanzen
List, Friedrich	1789-1846	Begründer des deutschen Zollvereins
Livingstone, David	1813-1873	Englischer Missionar und Afrika-Forscher
Lorenz, Konrad	1903-1989	Österreichischer Verhaltensforscher (›Das sogenannte Böse‹)
Lortzing, Albert	1801-1851	Deutscher Komponist der sogenannten Volksoper (›Zar und Zimmermann‹, ›Der Wildschütz‹)
Luther, Martin	1483-1546	Deutscher Theologe und Reformator
Luxemburg, Rosa	1871-1919	Deutsche Kommunistin
Magdeburg, Mechthild von	1210-1283	Christliche Mystikerin
Magnus, Albertus	1200-1280	Deutscher Naturforscher, Philosoph und Theologe
Magritte, René	1898-1967	Belgischer Maler des Surrealismus
Malthus, Thomas Robert	1766-1834	Englischer Nationalökonom und Sozialphilosoph (›An essay on the principle of population‹)

Mann, Heinrich	1871-1950	Deutscher Schriftsteller (›Der Untertan‹)
Mann, Thomas	1875-1955	Deutscher Schriftsteller (›Buddenbrooks‹)
Mao Tse-tung	1893-1976	Chinesischer Revolutionsführer und Staatsmann
Marat, Jean Paul	1743-1793	Französischer Revolutionär
Marconi, Guglielmo	1874-1937	Italienischer Ingenieur und Physiker; Erfinder der drahtlosen Telegraphie
Marivaux, Pierre Carlet de Chamblain de	1688-1763	Französischer Verfasser von Komödien (›Triumph der Liebe‹)
Marx, Karl	1818-1883	Deutscher Philosoph; Begründer des Marxismus (›Das Kapital‹)
Mata Hari (Margaretha MacLeod)	1876-1917	Niederländische Tänzerin und Agentin des Deutschen Reiches
May, Karl	1842-1912	Deutscher Schriftsteller (›Winnetou‹)
Mazarin, Jules	1602-1661	Französischer Kardinal und Politiker
Melanchthon, Philipp	1497-1560	Deutscher Humanist und Reformator
Mendelssohn Bartholdy, Felix	1809-1847	Deutscher Komponist (›Elias‹, ›Paulus‹)

Meyer, Conrad Ferdinand	1825-1898	Schweizer Dichter und Romancier (›Jürg Jenatsch‹, ›Der Heilige‹, ›Das Amulett‹)
Michelangelo	1475-1564	Bildhauer, Maler, Architekt und Dichter der italienischen Renaissance
Miller, Henry	1891-1980	Amerikanischer Schriftsteller (›Tropic of cancer‹)
Millet, Jean François	1814-1875	Französischer Landschaftsmaler
Milton, John	1608-1674	Englischer Dichter und Parteigänger von Cromwell (›Paradise Lost‹)
Molière, Jean-Baptiste	1622-1673	Französischer Komödiendichter (›Le malade imaginaire‹)
Monteverdi, Claudio	1567-1643	Italienischer Opernkomponist (›Orfeo‹, ›L'incoronazione di Poppea‹)
Montgolfier, Michel-Joseph de	1740-1810	Erfinder des Heißluftballons
Morgenstern, Christian	1871-1914	Deutscher Schriftsteller und Dichter (›Galgenlieder‹)
Morse, Samuel	1791-1872	Erfinder des gebräuchlichen Telegraphen mit »Morse-Schrift«
Mozart, Wolfgang Amadeus	1756-1791	Österreichischer Komponist (›Die Zauberflöte‹)

Münchhausen, Baron von	1720-1797	Offizier, Gutsbesitzer und »Lügenbaron«
Müntzer, Thomas	1486-1525	Deutscher Theologe und Revolutionär
Murillo, Bartolomé Esteban	1617-1682	Spanischer Maler religiöser und anderer Themen
Mussorgsky, Modest P.	1839-1881	Russischer Opernkomponist (›Boris Godunow‹)
Nabokov, Vladimir	1899-1977	Russisch-amerikanischer Schriftsteller (›Lolita‹)
Neruda, Pablo	1904-1973	Chilenischer Lyriker (›Canto General‹)
Nestroy, Johann Nepomuk	1801-1862	Österreichischer Bühnendichter (›Der Talisman‹)
Newton, Isaak	1643-1727	Englischer Physiker und Astronom
Nietzsche, Friedrich	1844-1900	Deutscher Altphilologe und Philosoph (›Also sprach Zarathustra‹)
Nikolaus, Sankt	4. Jahrhundert n. Chr.	Griechischer Heiliger
Nobel, Alfred	1833-1896	Schwedischer Chemiker; Erfinder des Dynamits
Nostradamus	1503-1566	Französischer Arzt und Astrologe
Offenbach, Jacques	1819-1880	Französischer Operettenkomponist (›Orpheus in der Unterwelt‹, ›Die schöne Helena‹)

O'Neill, Eugene Gladstone	1888-1953	Amerikanischer Dramatiker (›Mourning becomes Electra‹)
Pascal, Blaise	1623-1662	Französischer Philosoph und Mathematiker
Pasteur, Louis	1822-1895	Französischer Chemiker und Pionier des Sterilisierungsverfahrens sowie des Impfwesens
Pestalozzi, Heinrich	1746-1827	Schweizer Pädagoge
Philipp II.	1527-1598	Spanischer König
Picasso, Pablo	1881-1973	Spanischer Maler (›Guernica‹)
Platon	427-347 v.Chr.	Griechischer Philosoph, Schüler des Sokrates, Lehrer des Aristoteles
Polo, Marco	1254-1325	Venezianischer Reisender
Porsche, Ferdinand	1875-1951	Deutscher Automobilkonstrukteur
Puccini, Giacomo	1858-1924	Italienischer Opernkomponist (›La Bohème‹, ›Tosca‹, ›Madame Butterfly‹)
Pückler, Ludwig Fürst von	1785-1871	Deutscher Reiseschriftsteller
Racine, Jean	1639-1699	Französischer Dramatiker (›Athalie‹, ›Iphigénie en Aulide‹)

Raffael, eigentlich: Raffaello Santi	1483-1520	Maler der italienischen Renaissance
Raiffeisen, Friedrich Wilhelm	1818-1888	Begründer des deutschen Genossenschaftswesens
Ramses II.	1304-1213 v.Chr.	Ägyptischer Pharao
Rasputin, Grigorij J.	1872-1916	Russischer Mystiker und Günstling der Zarin
Ravel, Maurice	1875-1937	Französischer Pianist und Komponist (›L'heure espagnole‹)
Réaumur, René de	1683-1757	Französischer Naturforscher; verbesserte den Stahl und das Porzellan
Reis, Philipp	1834-1874	Deutscher Naturwissenschaftler; konstruierte das erste Telephon
Riese, Adam	1492-1559	Deutscher Mathematiker; Verfasser von Lehrbüchern über praktisches Rechnen
Rijn, Rembrandt van	1606-1669	Maler und Radierer der niederländischen Renaissance
Rilke, Rainer Maria	1875-1926	Österreichischer Schriftsteller und Lyriker (›Sonette an Orpheus‹)
Röntgen, Wilhelm C.	1845-1923	Deutscher Physiker; Erfinder der Röntgen-Photographie

Rossini, Gioacchino Antonio	1792-1868	Italienischer Opernkomponist (›Der Barbier von Sevilla‹)
Rousseau, Jean Jacques	1712-1778	Französisch-schweizerischer Schriftsteller und Philosoph (›Julie ou La Nouvelle Héloïse‹, ›Émile ou de l'éducation‹)
Rubens, Peter Paul	1577-1640	Niederländischer Maler
Russell, Bertrand	1872-1970	Englischer Philosoph und Schriftsteller
Sacher-Masoch, Leopold von	1836-1895	Österreichischer Schriftsteller (›Venus im Pelz‹)
Sachs, Hans	1494-1576	Volkstümlicher Dichter der deutschen Renaissance
Sade, Marquis de	1740-1814	Französischer Schriftsteller (›La nouvelle Justine…‹)
Sartre, Jean Paul	1905-1980	Französischer Philosoph undSchriftsteller (›L'être et le néant‹)
Sauerbruch, Ferdinand	1875-1951	Deutscher Chirurg
Saussure, Horace Bénédict de	1740-1799	Schweizer Naturforscher; Erfinder des Haarhygrometers
Schelling, Friedrich Wilhelm	1775-1854	Deutscher Philosoph (›Ideen zu einer Philosophie der Natur‹)
Schiele, Egon	1890-1918	Österreichischer Maler

Schiller, Friedrich	1759-1805	Dramatiker und Lyriker der deutschen Klassik (›Wilhelm Tell‹, ›Wallenstein‹)
Schinkel, Karl Friedrich	1781-1841	Preußischer Baumeister des Klassizismus
Schönberg, Arnold	1874-1951	Österreichischer Komponist der Zwölftonmusik
Schopenhauer, Arthur	1788-1860	Deutscher Philosoph (›Die Welt als Wille und Vorstellung‹)
Schnitzler, Arthur	1862-1931	Österreichischer Schriftsteller und Dramatiker (›Liebelei‹, ›Freiwild‹, ›Der Puppenspieler‹)
Schubert, Franz	1797-1828	Komponist der deutschen Romantik
Schumann, Robert	1810-1856	Komponist der deutschen Romantik
Scott, Walter	1771-1832	Englischer Schriftsteller; Schöpfer des historischen Romans (›Ivanhoe‹)
Shakespeare, William	1564-1616	Englischer Dramatiker (›King Lear‹, ›Macbeth‹, ›Othello‹)
Siemens, Werner von	1816-1892	Elektrotechniker und Erfinder
Silesius, Angelus	1624-1677	Deutscher geistlicher Dichter
Sokrates	469-399 v.Chr.	Griechischer Philosoph; Lehrer von Platon

Sophokles	496-406 v.Chr.	Griechischer Dichter der klassischen Tragödie (›Elektra‹, ›Antigone‹)
Spengler, Oswald	1880-1936	Deutscher Geschichtsphilosoph (›Der Untergang des Abendlandes‹)
Staël, Anne Louise Germaine, Baronin von Staël-Holstein, genannt Mme. de Staël	1766-1817	Französische Schriftstellerin (›De l'Allemagne‹)
Stalin, Jossif	1879-1953	Russischer Revolutionär und Diktator
Stanley, Henry Morton	1841-1904	Englischer Afrika-Forscher
Steiner, Rudolf	1861-1925	Deutscher Pädagoge und Philosoph; Begründer der Anthroposophie
Stephenson, George	1781-1848	Erbauer der ersten Lokomotive und der ersten Eisenbahn
Sternheim, Carl	1878-1942	Deutscher Bühnendichter (›Die Hose‹, ›Der Snob‹)
Stifter, Adalbert	1805-1868	Österreichischer Schriftsteller (›Der Nachsommer‹)
Storm, Theodor	1817-1888	Deutscher Schriftsteller (›Der Schimmelreiter‹)
Strauß, Johann	1825-1899	Österreichischer Walzer- und Operettenkomponist (›Die Fledermaus‹, ›Eine Nacht in Venedig‹, ›Der Zigeunerbaron‹)

Strauss, Richard	1864-1949	Österreichischer Opernkomponist (›Salome‹, ›Der Rosenkavalier‹)
Strawinsky, Igor	1882-1971	Russischer Komponist (›Oedipus Rex‹)
Strindberg, August	1849-1912	Schwedischer Dramatiker und Romancier (›Der Vater‹, ›Totentanz‹)
Suttner, Bertha von	1843-1914	Kämpferin für den Weltfrieden
Swedenborg, Emanuel	1688-1772	Schwedischer Naturforscher und Seher (›Die göttliche Liebe und Weisheit‹)
Thomas von Aquin	um 1225-1274	Theologe und Philosoph
Thorwaldsen, Bertel	1770-1844	Dänischer Bildhauer des Klassizismus
Tolstoi, Leo	1828-1910	Russischer Schriftsteller (›Krieg und Frieden‹, ›Anna Karenina‹)
Torricelli, Evangelista	1608-1647	Italienischer Mathematiker und Physiker; Erfinder des Barometers
Toulouse-Lautrec, Henri de	1864-1901	Maler und Graphiker des französischen Impressionismus
Treitschke, Heinrich von	1834-1896	Deutscher Historiker

Tschuang-Tse	3. Jahrhundert v.Chr	Chinesischer Philosoph
Tucholsky, Kurt	1890-1935	Deutscher Satiriker und Zeitkritiker
Uhland, Ludwig	1787-1862	Volkstümlicher deutscher Balladendichter
Vega, Lope de	1562-1635	Spanischer Bühnenschriftsteller
Velazquez, Diego	1599-1660	Spanischer Maler
Verdi, Giuseppe	1813-1901	Italienischer Opernkomponist (›Rigoletto‹, ›Aida‹)
Vespucci, Amerigo	1451-1512	Italienischer Seefahrer
Vigée-Lebrun, Elisabeth-Louise	1755-1842	Französische Malerin
Virchow, Rudolf	1821-1902	Deutscher Arzt; Pionier der Bekämpfung der Tuberkulose und der Diphtherie; Mitarbeiter von Schliemann bei den Ausgrabungen von Troja
Vogelweide, Walther von der	1170-1230	Deutscher Minnesänger
Volta, Alessandro	1745-1827	Italienischer Physiker; Entdecker der Berührungselektrizität
Voltaire, François Marie	1694-1778	Französischer Schriftsteller und Philosoph der Aufklärung

Wagner, Richard	1813-1883	Deutscher Operndichter und Komponist (›Der Ring des Nibelungen‹, ›Lohengrin‹)
Washington, George	1732-1799	Führer der amerikanischen Unabhängigkeitsbewegung und zweimaliger Präsident
Watt, James	1736-1819	Erfinder der modernen Dampfmaschine
Weber, Carl Maria von	1786-1826	Opernkomponist der deutschen Romantik (›Freischütz‹)
Wedekind, Frank	1864-1918	Deutscher Bühnendichter (›Erdgeist‹, ›Büchse der Pandora‹)
Werfel, Franz	1890-1945	Österreichischer Schriftsteller (›Verdi‹)
Wieland, Christoph Martin	1733-1813	Deutscher Schriftsteller (›Geschichte des Agathon‹)
Wilde, Oscar	1854-1900	Irischer Romancier und Bühnendichter (›An ideal husband‹)
Wilhelm II.	1859-1941	König von Preußen und deutscher Kaiser
Wittgenstein, Ludwig	1889-1951	Österreichischer Philosoph
Wright, Wilbur	1867-1912	Amerikanischer Pionier der Fliegerei

Zenon, der Jüngere	333-262 v.Chr.	Griechischer Philosoph; Begründer der Stoa-Schule
Zweig, Stefan	1881-1932	Österreichischer Schriftsteller (›Schachnovelle‹)